蠟燭魔法初學指南

Candle Magic for Beginners

Mystic Dylan

＊

獻給為我們開闢道路的祖先，

獻給那些決定追隨此道路的人，

也獻給那些尚未發現此道路的人。

目次

好奇心是學習之燭的燭芯。

——— *William Arthur Ward*

蠟 燭 魔 法 和 你

　　如果你正在閱讀這本書，代表也許你已經感受到了蠟燭魔法的魅力。也許你感覺到了蠟、燭芯和火焰中蘊含的力量，故而想要進一步探索。如果你想練習魔法或嘗試咒語，沒有比蠟燭更好的工具。蠟燭能讓我們專注在自身的意圖，探尋我們的創造力。不管你的目標是大是小，蠟燭魔法都是帶來轉變能量的絕佳方式。

　　《蠟燭魔法初學指南》不僅包含使用蠟燭施展魔法的方法，還解釋了如何透過蠟燭與魔法建立關係。在這本書中，你將了解到火的歷史和意義、蠟燭魔法究竟有什麼功用，以及如何安全永續地開始練習。你會學到如何設立和顯化目標；如何挑選、淨化、補充以及聖化魔法蠟燭；如何判斷你的法術是不是有效；還有如何占卜、讀取火焰和蠟。你將學會 30 種表達愛、保護、療癒、成功和幸福的咒語，還可以將這些新知識付諸行動。

　　如果你剛開始步入魔法歷程，我要告訴你我也經歷過這個階段。在成長過程中，我曾和住在西海岸（已離異）的父母和東海岸的祖父母分別生活過。儘管偶爾會出現混亂場面和突發事件，但我的家人一直向我灌輸使用魔法所需的奇思妙想和知識。我的父親會為我讀神話中的史詩冒險、眾神和迷人的野獸故事；我的祖母教導我禱告的力量，為我講述天使的故事，讓我了解瑜伽和冥想；我的祖父教我學習歷史，讓我愛上古埃及。

　　我的玄學用品店初體驗是母親帶我去的，這次經歷鞏固了我的靈性實踐和技能。我和她一起去好萊塢的 Panpipes（現在叫做 Pan's

Apothika）慶祝我的九歲生日，在那裡我見到了 Vicky，一位穿著黑裙的超凡紅髮女子。她坐在櫃檯後面正在雕刻一根蠟燭，周圍擺放了一系列最驚人的藥草、薰香和精油。

突然，她抬頭看著我並微笑。我抓住母親的手，感到我正站在一個真正的女巫面前。我的母親當時可能還不知道，但那天標誌著女兒女巫歷程的開始。我被迷住了：我一直都知道魔法是真的，但現在我知道了魔法是能夠實踐出來的！

我在 Panpipes 買到了我的第一根蠟燭、第一份精油和藥草——蠟燭是我第一次操作的魔法。我較年輕的時候，蠟燭讓我待在家裡就可以完成法術和儀式，甚至不會引起任何人的注意。訓練魔法技能時，我開始使用更多法術並製作小聖壇，蠟燭因此融入了我的日常生活。在成長歷程中，我逐漸清楚地認識到蠟燭不僅僅是宗教符號或虔誠的象徵；它是力量的燈塔，是駕馭慾望、心願和顯化的方式。

蠟燭一直是我的主要工具。從雕刻蠟燭、塗上聖油再點燃它，我讓自己沉浸在魔法儀式中，就這樣建立了充滿能量的連結，進而為蠟燭和法術帶來了生命。

當我開始在魔法商店擔任專職女巫時，我常常發現許多客人因為他們的願望和法術請求都能夠藉由一根蠟燭來實現而感到驚訝。我總是為教會他們而興奮，現在我也很高興能教導你們。

就讓我們開始吧！

第一部分

火與轉變的力量

Chapter 1

第一章

✳

了 解 蠟 燭 魔 法

在點亮第一根蠟燭之前，我們必須先了
解蠟燭魔法是如何起作用，以及蠟燭
如何在魔法中成為強大和長久不衰的工
具。我們首先要回溯幾個世紀，探索人
類與火的豐富關係。

＊火的古老力量

火的歷史與魔法緊密相關。大約在四十萬年前，當人們第一次將兩顆石頭互相摩擦，製造出第一道火花時，他們就為人類的徹底改變道路。駕馭火焰讓我們的祖先能生活在寒冷的氣候中，變革烹飪方式且照亮黑暗。火為他們提供了聚在一起分享故事、跳舞以及與大地和超自然領域建立連結的地方。

我們的祖先認為火極其重要，這就是為什麼有眾多與火相關的神話——最著名的是古希臘普羅米修斯的故事，他從眾神之處偷來火種帶給人類。

這個神話把火視作原始、神聖且真正具有魔法的事物。火還沒有被人類馴服時，是一種難以控制的元素，它帶來痛苦、毀滅和死亡。火因為其兩面性而受到尊崇。

火被控制之後，就成為了力量的象徵，並且被用在許多魔法和靈性習俗中。古希臘人和古羅馬人會進行神聖的火葬，把死者放在火葬的柴堆上再將其點燃。

柴堆也用於聖壇之火，在聖壇上人們會焚燒動物作為供奉神靈的祭品。篝火儀式在許多文化儀式中也發揮了類似作用，比如凱爾特的薩溫節和貝爾丹火焰節。在這些分別標誌一年中黑暗與光明的節日中，凱爾特和德魯伊人在山頂點燃篝火，將之作為交感巫術的一種形式——篝火代表太陽，驅散冬天的腐朽和黑暗；火焰則摧毀不好的影響。在某些儀式中，人們甚至會為了得到火的淨化而跳入火焰，路易斯安那州南部仍保有篝火儀式的習俗。聖誕節前夜，密西西比河沿岸會燃起篝火，為聖誕老公公照亮道路，據說他會在獨木舟（肯瓊獨木舟）上被八隻鱷魚拖上河。

最終，火用於家裡的壁爐中，用來取暖和提供保護。對於當時使用魔法的人來說，火是用來加熱坩鍋中常見的巫術原料。但蠟燭卻還不算司空見慣。其實，我們今天所使用的蠟燭直到中世紀才存在。早在西元前三千年，就有古埃及人用燈心草（一種將燈心草的芯浸在某種脂肪中製成的蠟燭）和蜂蠟製作蠟燭的紀錄，但由於養蜂較為危險，蜂蠟在當時非常昂貴。太平洋西北部的美洲原住民會使用蠟燭魚，那是一種充滿油質可食用的魚，曬乾後就能製成蠟燭或火炬。在日本，人們會用鯨脂製蠟，作為蜂蠟的替代品。但在中世紀之前，大多數魔法從業者使用的都是油燈而不是蠟燭。在希臘、羅馬和埃及，還有古代猶太教和基督教的習俗中，燈會被用於占卜、儀式和咒語之中。時至今日，油燈仍存在於某些文化的儀式。在非裔加勒比人和紐奧良的伏都教和胡督教裡，他們最古老的魔法操作依然會使用油燈。

中世紀時期，由動物脂肪製成的獸脂被用來製作蠟燭。蠟燭因可使用動物脂肪製作而變得容易獲得，很快就成了居家用品。

中世紀時蠟燭逐漸在魔法中變得常見，而且不僅女巫在使用。將蠟燭用於魔法目的的紀錄中，最早是在獵殺女巫期間。中世紀和文藝復興時期，歐洲有超過八萬名涉嫌使用巫術的人被教會處死。一四八六年，一本給審判官和女巫獵人的手冊《女巫之鎚》中提到，神聖蠟燭可以用來「保護自己免受女巫的傷害」。農民和鄉民也會用蠟燭來保護牲畜和家園免受巫術蠱惑。在古老的猶太習俗中，蠟燭為垂死的人點燃，放置在他們的床邊以抵禦惡魔。為親人點蠟燭，希望得到神的關懷和神聖智慧的習俗，爾後被基督教採納，也合併進天主教中。

從多方面來說，現代蠟燭魔法的歷史都始於天主教。天主教巫師的紀錄顯示蠟燭本身被視為神聖的，而燃燒蠟燭則被視作一種奉獻。這些理念和實踐依然存在於蠟燭魔法中。

到了十九世紀後期，一種名叫石蠟的廉價蠟開始被用來製作高品質蠟燭。石蠟取代了動物脂肪，因為石蠟蠟燭更容易製造，也更好聞。石蠟的使用促進了蠟燭的商業用途。到了二十世紀三〇年代末期和四〇年代初期，蠟燭已被視為標準的魔法工具，常用於儀式、禱告、降神或咒語。通靈師、薩滿、療癒師、巫醫和伏都教女祭司都會利用蠟燭的力量，為客人和病患治療。蠟燭是一種特別有用的魔法工具，常見又不會引人注意，可以防止使用者被當作女巫或者異教徒遭教會驅逐。

從十六世紀開始，大西洋奴隸貿易促使加勒比、古巴及紐奧良的天主教和非洲傳統相互融合，並且催生了新的靈性信仰。非洲、美洲原住民和歐洲的民間習俗與天主教結合，也創造出數種不同的宗教和靈性習俗。各種風格的蠟燭魔法最終傳遍美國，混合了各種信仰和魔法實踐。

今日，蠟燭魔法被用於世界各地的咒語和儀式中。蠟燭魔法不屬於任何一種特定的傳統和宗教；相反，它已經超越一切並扎根於魔法的核心部分。

＊蠟燭魔法的基礎

為什麼蠟燭會成為現代女巫技能中的主要用具呢？除了蠟燭容易獲得且價格低廉之外，還因其具有各種各樣的形狀、大小、材質和香氣，甚至可以自己製作。蠟燭用途廣泛，適用於各種靈性和魔法實踐，既可以照亮你的神聖空間，也能充當儀式和咒語的主要角色。你可以給蠟燭塗上聖油，為其施加魔法以獲得保護；也能透過雕刻和注入能量助你獲得財務上的穩定，或者用大頭針刺破，影響潛在的情人或客戶。即使蠟燭燃燒完畢，其魔力也依然存在。你可以用蠟燭殘餘的蠟來製作強大的護身符，或觀察蠟燭融化後殘留的形狀來解讀你的咒語效果。雖然蠟燭本身就充滿強大的魔力，但其精華和魔力還可以透過精油和神聖藥草來擴大。

蠟燭是前往神聖的火炬，是通往另一個領域的管道，是魔法和巫術的燈塔。蠟燭不僅擁有強大的魔力，其燃燒過程本身也是儀式的一部分。當你在咒語或儀式中使用蠟燭時，就是在利用四種元素的力量。就像古時偉大的煉金術士一樣，你正在運用能帶來轉變的能量。僅僅是點燃蠟燭就能用它的基本元素——火——將偉大的泰坦神普羅米修斯為我們帶來的原始禮物相連結。與空氣的神聖交融為火焰提供了養料，吸引人的舞蹈於是展開表演，最終為我們實現願望。燭蠟代表了穩定和力量，融化的燭蠟就像樹幹，如同樹根一般連接你和大地，讓你的目標開始扎根。隨著火焰舞動，蠟開始融化。蠟燭，作為力量的核心，從固態變成了與水元素合而為一的型態，與我們的情感欲求相連結，將所有元素融為一體。等到蠟燭融化並變形，第五個，也是水、火、土、風之後最後一個元素——靈性——就出現了。如果你能運用直覺，甚至可以窺探蠟油留下的圖案並理解蠟燭的密語。

✷ 帶來光明、消除和轉變的火

點燃蠟燭芯並不是一件普通的事;你是在釋放火焰本身的原始本質。蠟燭不僅是物質慾望的表現,也承載並吸引著能幫助你實現目標的靈體和能量。我會鼓勵你注視蠟燭的火焰來解鎖潛意識,釋放你的靈性自我。蠟燭擁有為你清除恐懼、消除負面能量的力量,讓你注定成為神聖的存在。使用蠟燭魔法時,千萬不要忘記蠟燭能釋放出強大的力量,這種力量可以透過它和你的關係來得到推動和增強。

✷ 魔法會流向意圖所在之處

就像你了解到的一樣,蠟燭代表四種元素 —— 風、土、水、火 —— 這也讓蠟燭成為與宇宙能量連結的首選工具。但是請記住,僅僅點燃蠟燭是不夠的。蠟燭魔法的關鍵是設立意圖。首先,你必須專注在自己的意圖上,將之融入蠟燭中,為其注入你靈魂的能量和熱情。

為蠟燭注入你的目標和意圖能夠為蠟燭和咒語帶來聲明。當你把自己靈魂的一部分注入魔法工作的時候,目標就能喚起靈體。

✷ 你知道那是魔法,對吧?

隨著你的魔法操作逐漸深入,你會開始注意到蠟燭魔法在你身邊比比皆是。想想看當你許願然後吹滅生日蛋糕上的蠟燭——那就是魔法。當你為親人的需要而點燃蠟燭,那也是魔法。即使是萬聖節放在南瓜燈裡的蠟燭也有著與魔法和民間傳說相關的根源。

✳ 指明道路

創造力的火花已經被點燃——是時候讓火花變成真正的火焰。蠟燭魔法是一種強大的操作，也是展開魔法和靈性歷程的絕佳方式。接下來，你會了解到蠟燭顏色的重要性與其相應的特質和魔力。

Chapter 2

第二章

✳

蠟燭顏色的連結

在本章節中，你將會深入了解顏色的重
要性，與其所帶來的魔法。這些顏色的
連結源自胡督教、民間魔法和傳統巫術
的混合，有助於你為魔法工作找出合適
的蠟燭。自然界存在許多不同的顏色，
每種顏色都有特定的含義。在這裡，你
將熟悉蠟燭魔法中常用的顏色與其獨特
的意義。

＊顏色的力量

在進行蠟燭魔法或任何其他儀式時，選擇合適的蠟燭顏色非常重要。每一種顏色都有其本質，能夠帶來某種感覺並散發出特定的能量。挑選特定的顏色將為你的咒語和你期待的結果定下基調。僅僅憑藉顏色，你便得以在咒語中如願取得的成果。選擇合適的彩色蠟燭不但可以用你的意圖和顏色意義來鎖定你的咒語，也能加強四大元素的特性，帶來需要的特質，還能吸引特定的靈體和神明。

你將在下文開始探索標準蠟燭顏色中所蘊含的奧祕和訊息。請記住，雖然這些顏色的連結是極佳的參考，對於初學者來說更是如此，但你所選擇的顏色最終應該基於個人感受以及與該顏色的關係。例如，我並不喜歡橙色和黃色，所以即使橙黃兩色和強大的積極能量聯繫在一起，我還是會在其他能與我產生共鳴的顏色中尋找連結和力量，如紫色和藍色。

紅色

紅色是血液的顏色，代表我們的生命力、活力、吸引力、性能量、慾望、野心、男子氣概和力量。紅色是生與死的顏色，是火與土，也是暴力與愛、性與療癒的顏色。由於它平衡的特性以及與原始和祖先能量的連結，被許多人認為是最有魔力的顏色。紅色是女神伊希斯和莉莉絲的神聖顏色，與高深魔法（不考慮好壞、黑暗或光明的原始或混沌魔法）有關。紅色也對應牡羊座，與火星有關聯。紅色蠟燭可以用於與活力、力量和健康相關的魔法；也能用於專注實現目

標、克服阻礙或性愛魔法之中（用於魔法、儀式或靈性目的的任何性活動）。當你需要為自己增添更多關注時，這種奪目的顏色能助你獲得運氣和勇氣。雖然紅色常常用於愛情魔法中，但請記住，紅色能散發出非常性感的能量；如果你想要的是長久伴侶、一對一的配偶或婚姻的話，要保證你的意圖極其明確。你可能會需要玫瑰或茉莉等藥草來裝飾、塗抹在紅色蠟燭上，以抑制其熱烈的特質，用寧靜、愛、和諧和浪漫平衡之。或者你可以用更含蓄的粉色蠟燭來代替紅色蠟燭——粉色最適合愛情關係和一對一的伴侶。

在古希臘，紅色被認為是生命的顏色，在巫術儀式中被用來與靈體交談。紅色也用於對抗外部力量，比如惡靈或敵人。紅蘋果、石榴、毒蘑菇和莓果都被視為希臘和羅馬諸神的食物，所以你可以在咒語中使用紅色蠟燭來吸引神明和靈體協助你的魔法工作。

橙色

橙色能帶來正面能量、活力和勇氣，和太陽的力量有所連結，此外也和水星及火元素有關。這個顏色可用於獲得正面結果、工作成功和願望實現的法術。

如果你正在為新工作做準備，或者希望自己的工作能力在更大的群體中獲得關注，那麼在咒語中使用橙色蠟燭，就可以從眾人中脫穎而出。橙色代表秋天樹葉的變化，因此也可以用在需要變化、改變和相關煉金術裡。

黃色

　　黃色能展現出光采、歡樂和清晰的能力，也與阿波羅、荷魯斯和密特拉等太陽神聯結。使用黃色蠟燭能提升靈視力、洞察力，在你需要用咒語尋求真相的時候也有所幫助。黃色常常用於解除詛咒、消除厄運和保護的法術。在尋求療癒引導或需要提振心情、消除憂鬱的時候，你都可以使用黃色蠟燭。總體而言，黃色可用於喚起幸福感，以及從手術或病情中康復的儀式。

綠色

　　如今，綠色是最常和金錢、豐盛和貪欲關聯在一起的顏色；然而對於古埃及人來說，綠色是生命、生育和青春的顏色。綠色是歐西里斯、柯爾努諾斯、潘神、奧崗之神和德墨忒耳的神聖顏色。在凱爾特民間傳說中，綠色也和精靈及其魔法有關，可以讓我們連結到另一個世界（一個與我們的世界有些相似的超自然世界，在那裡神靈、幽靈、仙靈及我們的逝者生活在一起）。地球與金星是和綠色相關的恆星，水與土是和綠色相關的元素，也和金牛座有關。這個顏色散發出關於幸運、成功和財富的強大頻率。綠色的能量對於那些希望懷孕的人很有效，也可以用於生育和性愛相關的魔法。綠色代表大地的恩賜以及大自然為我們提供的財富。這個顏色最適合希望獲得金錢增長、穩定、幸運、豐盛和成功的咒語及儀式。綠色也能用在對抗嫉妒、野心、貪欲和偷盜的法術中。

靛藍色

靛藍色是深沉而豐富的顏色，和藍色處於同一個光譜。靛藍色對應的行星是土星和金星；是伊希斯女神和聖母瑪麗亞的神聖顏色；與更新、放鬆、反思和緩解緊張有關。這個顏色能用在需要冥想和催眠的法術和儀式中，也可以用來迎接新開始或為家庭帶來祝福。

藍色

藍色是優雅的顏色，和天堂及神意有關。藍色是宙斯、葉瑪亞、聖母瑪麗亞和埃及天空女神努特的神聖顏色。和藍色有關的元素是水元素。藍色蠟燭在魔法工作中可以用來加強療癒咒語的力量。藍色能中和激烈的振動頻率，也可以用來營造平和安寧的感受，所以常常用於房屋淨化和能量魔法之中。藍色的諾維娜蠟燭或抽出式蠟燭可以在特定的魔法中向聖徒和神靈祈願。

粉色

粉色是真愛的本質，是阿芙蘿黛蒂、維納斯和爾祖里耶女神的神聖顏色，也是愛情的顏色，代表愛戀、同情、美麗和忠貞。粉色蠟燭能用在提升戀愛關係、一對一的伴侶關係，還有婚姻的咒語之中，也可以用於吸引新戀情和幸福的儀式。粉色亦有助於緩和、療癒朋友之間的不和、消除憤怒以及帶來和諧的人際關係。

紫色

紫色是關於王室和神聖的顏色，也是代表力量和超自然的顏色。當你看到紫色花朵的時候，那是來自天上神明的賜福。紫色是巴隆·撒麥迪（安息日男爵）、戴歐尼修斯、巴克斯以及蓋得諸神的神聖顏色，這些神靈都是伏都教眾神，或關於性愛、生育和死亡的神靈。紫色蠟燭可以用在需要大量能量的咒語之中、獲得個人獨立或財務自由的咒語，或者用在你覺得想要的目標難以實現的時候。紫色是高振動頻率的顏色，非常適合用於靈性工作、催眠冥想和靈體飛行。點燃紫色蠟燭可以獲得通靈力，也適合在占卜的時候點燃。

棕色

棕色代表大地，既意謂土元素與地球。由於棕色帶有力量和平衡的強烈振動，你可以用棕色蠟燭來吸引穩定。這個顏色可以用在正義的法術、大地魔法、動物和寵物的法術以及吸引自然精靈的法術。在儀式裡使用棕色，可以讓你腳踏實地、頭腦冷靜；你也可以在需要力量和勇氣來做出艱難決定和選擇的時候使用。

灰色

灰色代表世界之間的臨界點，或是把人類和未知世界分開來的面紗。灰色是命運三女神和格賴埃三姊妹、墨丘利和雅典娜的神聖顏色。灰色和風元素有關，也能用於祖先魔法和旅行魔法。灰色蠟燭最

適合用於靈體交流和招魂巫術，也可以用來中和負面能量。你可以在關於交流、知識和智慧的法術中使用灰色；可以在學習、閱讀的時候點燃灰色蠟燭來幫你記住知識，或者在家裡燃燒灰色蠟燭來了解家中可能居住的靈體。

黑色

黑色與邪惡和招禍魔法有關的想法，完全基於偏見和文化種族主義。雖然有些人認為使用黑色的魔法是邪惡、骯髒又落後的，而使用白色的魔法是美好、純潔且乾淨的，但這種看法並不正確。其實，黑色在歷史上的諸多文化中都代表了生命。這是暗月和虧月的顏色；是赫卡忒、倪克斯和狄阿娜的神聖顏色，也與土星、土元素和水元素有關。黑色是智慧和死亡的顏色，象徵復活和更新。因為黑色之中沒有光亮，且能容納所有顏色，因此相當適合用來吸收、轉移負面能量、靈體、詛咒和巫術。黑色蠟燭能用在需要束縛、驅逐、消除厄運和驅魔的法術。

白色

白色中的無色讓白色成為魔法工作和相關領域中相當強大的顏色。這個顏色意謂靈性領域、純真、奇蹟、純潔和新開始。白色是哈索爾、塞里德文、艾希斯、樟戈和三相女神的神聖顏色，與月亮和五元素——土、水、火、風和靈性都有連結。白色和牛奶的顏色相同，因此常常和生命、生育及營養聯繫在一起；在許多民間魔法中，白色

都被當作和善良與平衡具有高度象徵意義的顏色。白色是骨骼的顏色，與死亡和結構相關聯。白色也是雪的顏色，能凍結或干擾其他能量，作為保護免受外力的影響。通常，你可以把白色想像成能轉隨時變成任何型態的空白畫布；既是開始也是結束。白色蠟燭能用於帶來清晰、保護、冥想和天使魔法的咒語中。點亮白色蠟燭能吸引靈感和創造力，或者創造出神聖空間。

金色

金色包含了男性神明的能量，特別是那些與太陽有關的能量。阿波羅、太陽神拉、荷魯斯、密特拉斯還有奧香女神都和金色有關。金色的太陽能量與火相似，能用在帶來豐盛、成功、吸引力和金錢的法術。把金色融入儀式可以召喚神聖男性能量，或者對某人某事造成影響。如果你正在計畫進行談判，在你的魔法中使用金色蠟燭，就能吸引雇主或客戶並引起他們的注意。

銀色

銀色是神聖女性能量的顏色，是所有月亮女神的神聖顏色，因此充滿月亮的特性，能代表法術中所需要的任何月相。銀色蠟燭可用於關於通靈工作、金錢、財務穩定、和平、保護和靈性指引的法術，以及增強咒語力量和靈性智慧的法術。銀色也能用在咒語中，提升靈視力、母性和婚姻關係。

✱ 顏色的變化

當你在準備自己的蠟燭工具包時，你會發現每種顏色都有許多不同色調可以選擇。雖然不同色調可能有不一樣的振動頻率，但選擇「錯誤」的色調並不可怕。如果一個法術需要的是深紫色，使用不同的色調，比如淡紫色，也不會破壞你的法術。但是請記得，不同色調的確會帶來改變；淡紫色仍然含有紫色的預言能力和洞察力，但其振動比深紫色舒緩，通常用在冥想和睡眠當中。選擇能和你建立連結的顏色最為適合，然後再去探索不同色調中能使用的選項。有一個很好的經驗法則就是顏色愈深，能量愈強烈；相反，愈淡的顏色就會帶來愈含蓄的結果。下文介紹了你可能會遇到的幾個顏色變種，以及最佳使用方式。

- **鮮藍色**：可避免惡魔之眼，電光藍也能帶來正義，吸引風元素（的靈魂）。

- **深藍色**：深藍色是哈德斯和涅普頓的神聖顏色，與木星和土星連結。這個顏色和水元素有關，能用於大海魔法，也可以用在需要情感力量和清晰頭腦的法術裡。

- **洋紅色**：這個顏色對於心靈療癒、恢復健康和靈性覺醒的相關法術很有用。

- **酒紅色／栗色**：這個顏色在伏都教和薩泰里阿教常常用到，深紅色是奧孫眾神、洛阿眾神的神聖顏色，代表來自大地的祝福、魔法工作和性愛魔法。

- **祖母綠色**：這種深綠色可以用在所有促進增長、豐盛和財務成功的法術中。祖母綠對應金星，能用來尋求穩定、一對一的戀愛關係。

- **深綠色／森林綠**：這是更深更暗的綠色，可以在阻擋嫉妒和結束財務糾紛的咒語中使用。這些顏色也可以用在法術或儀式中，以贏得法律案件或者訴訟。

 女巫小提示

用於各種法術的蠟燭

可供選擇的彩色蠟燭有很多種類，所以請不要覺得非得蒐集到所有蠟燭不可。如果你覺得有個魔法工作需要用到你缺少的特定顏色蠟燭，同時你的蠟燭工具包中沒有適合這個魔法的對應顏色，那只要用黑色或白色蠟燭替代就可以了。黑色是所有顏色的集合體，因此可以用於任何魔法，承載所需要的振動頻率。黑色也可以消除、抵禦負面能量，因此是很棒的萬能蠟燭。白色不代表任何顏色，還能和四種元素相連結，因此白色可以作為任何顏色蠟燭的替代品，用在特定法術或儀式中（這也是最容易找到的蠟燭）。白色與神聖和天國的連結也讓白色蠟燭成為傳統萬能蠟燭的理想選擇。無論你使用的是黑色還是白色蠟燭，請考慮你的意圖，然後選擇最適合且最符合你想要結果之振動的蠟燭。

✳ 指明道路

顏色可以被當作能量的視覺組成部分。當你關注希冀從法術中獲得的結果時，可以想像一下這個目標為何或什麼顏色。當你開始探索不同的顏色且熟悉其振動和意義後，就可以找到最適合你法術的顏色。選擇顏色的時候，你可以將有助於魔法的任何神明、行星、星座或元素納入考量——運用其相應顏色可以加強法術的特點。但顏色並非唯一需要注意的事情。在下一章節，你會了解到各種各樣的蠟燭形狀和尺寸，認識各種蠟燭可以為魔法帶來的益處。

第三章

為魔法準備蠟燭

在本章中，你將探索不同形狀、大小和
燃燒時間的蠟燭，還有這些因素會為蠟
燭魔法帶來什麼作用。你也會了解到什
麼蠟燭可以用在特定儀式和法術中，以
及如何為法術和魔法工作做最好的準備。

✳ 不同種類的蠟燭

如果你的蠟燭魔法之旅才剛開始，我認為最好可以準備多種不同的蠟燭。準備好不同形狀、大小和顏色的蠟燭，以及多種藥草和精油，可以讓你隨時自由地使用魔法。

雖然我並不鼓勵你去瘋狂採購（雖然這樣滿有趣的），但還是建議你可以思考一下將來你想使用的法術和儀式，並準備好需要的原料。在身邊準備一些基礎蠟燭也很棒，比如許願蠟燭或圓柱蠟燭，這樣你就可以在機會出現時輕鬆操作。沒有什麼比為了及時完成滿月儀式而在最後時分尋找需要的蠟燭和工具更有壓力了。

你可以選擇不同方法來管理蠟燭魔法工具包：例如參考上一章節的蠟燭顏色對應含義，蒐集相對應的蠟燭，或者一次關注在一種特定的魔法工作上，備足同一種蠟燭。在閱讀這本書的過程中你會發現，並不是所有儀式和法術都需要特定類型的蠟燭；雖然如此，你依舊需要選擇最適合魔法工作的蠟燭。在這些時刻，你必須運用自己的直覺，感受哪種蠟燭會發出和你選擇的法術或儀式最相關的振動——這正是你工具包中各種蠟燭派上用場的時候！

許願蠟燭

燃燒時間 ： 10到15小時

許願蠟燭大約 2 英寸（5 公分）高，能夠放進玻璃或陶瓷許願燭臺裡。你可以使用沒有燭臺的許願蠟燭縮短燃燒時間，或者在需要法術後進行滴蠟占卜時使用。這些蠟燭

有各種各樣的顏色，通常成包出售且價格合理，非常適合蠟燭魔法初學者使用。

諾維娜蠟燭／守夜蠟燭

燃燒時間：7至9天

也稱為七天蠟燭，諾維娜蠟燭或守夜蠟燭可能是最著名也最容易找到的蠟燭，常用在胡督教、伏都教、民間魔法和薩泰里阿教中。諾維娜蠟燭有許多不同的版本和樣式：有些帶有與天主教聖徒相關的標籤；有些可能在玻璃上印有好運符文；有些則非常簡單，上面沒有任何圖案。諾維娜蠟燭有多種顏色，相當適合塗上魔法油使用——你可以在蠟燭的玻璃罐上用麥克筆畫出帶有力量的符號和文字替蠟燭增加能量，這種蠟燭罐比較高，你可以毫不費力地在裡面倒入精油和藥草。這些蠟燭應該在不中斷的情況下一直燃燒到盡頭，但如果你想要控制火焰，採取額外的防護措施，也可以將蠟燭放在水槽、浴缸或淋浴間。

茶燈蠟燭

燃燒時間：3小時

茶燈蠟燭是重要且實惠的投資。這些蠟燭隨處可見，可以買到各種顏色，通常以大包裝出售。茶燈蠟燭適合用來製作儀式圈或準備聖壇來強化法術。為了完成一些簡單快捷的

魔法，你可以在茶燈蠟燭頂部滴一點芳香精油再撒上些許藥草。在工具包中準備一些茶燈蠟燭能讓你隨時隨地體驗魔法。

蜂蠟蠟燭

燃燒時間：超過60小時

蜂蠟在魔法領域有悠久的歷史。曾經蜂蠟非常稀有，需要歷經艱險才能取得，使之愈發神祕也更具靈性力量。蜂蠟是一種天然材質，燃燒時間長，因此成為現代蠟燭魔法師的奢侈品；成本使然，蜂蠟蠟燭未必適合簡單的法術。蜂蠟蠟燭有各種形狀、大小和顏色，可卷製、傾倒，也能做成浸入式蠟燭。這樣的蠟燭最適合需要強烈振動和目的的長儀式。

大豆蠟燭

燃燒時間：5至10小時

大豆蠟燭成分天然，使用大地魔法的人時更常用到。大豆蠟燭能很好地保留香味，但燃燒時間比蜂蠟蠟燭短，此外相當易碎，在塗魔法油的時候往往難以成型或雕刻。大多數大豆蠟燭都包裝在玻璃中。這樣的蠟燭最適合用於療癒與更新相關的法術，或召喚自然之靈仙的法術。

七日旋鈕蠟燭

燃燒時間：7天

    自二十世紀三〇年代以來，由七個圓形旋鈕堆疊而成的七日旋鈕蠟燭，在非洲民間魔法、召喚魔法和伏都教的魔法師中就已經相當常見了。

    七日旋鈕蠟燭的標準用法是將每個旋鈕用於一個願望——你可以對每個旋鈕許下不同願望，也可以對所有旋鈕許下同一個願望。然後按照想要的樣子雕刻各個旋鈕，刻上和你魔法有關的符咒和文字。接著在蠟燭上塗抹精油和／或藥草，連續燃燒七天，每天燃燒一個旋鈕，在法術完成時掐滅或剪掉火焰（千萬不要吹滅）。這種蠟燭非常建議常備在工具包中，特別適合需要多天完成的魔法。

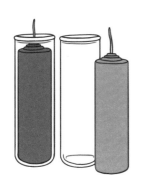

抽出式蠟燭

燃燒時間：3至7天

    與諾維娜蠟燭／守夜蠟燭類似，抽出式蠟燭大約高 8 英寸半（21.5 公分），放在和蠟燭大小相同的玻璃燭臺中。但是和諾維娜蠟燭不同的是，抽出式蠟燭可以從玻璃燭臺中抽出單獨使用——這也是其名稱的由來。這樣的蠟燭適合各式咒語和儀式，可以用精油雕刻和裝飾；或將藥草直接放入玻璃杯的底部，再放上蠟燭使其完全燃燒到底。抽出式蠟燭因為效率高且容易特製而很受歡迎，是所有蠟燭魔法工具包必不可少的。

淨蠟燭

燃燒時間： 90分鐘至2小時

　　淨蠟燭對所有魔法師而言都是必備品，尤其對新手或初學者更是如此。淨蠟燭高4英寸（10公分），包含各種各樣顏色，易於為法術進行雕刻、燃燒速度快，因此適用於多種魔法和咒語。你可以用非常合理的價格買到——一個蠟燭通常只要1到2美元。這種蠟燭是你工具包中可隨時備妥的最佳選擇。

造型蠟燭

燃燒時間： 視形狀而定

　　另一個在現代蠟燭魔法師中常見的工具就是造型蠟燭，造型蠟燭有人物、動物形狀，也有其他形狀，可以用於交感魔法，這是基於「物以類聚」原則的法術。所以，蠟燭的特定形狀會吸引需要的結果。例如，黑貓蠟燭可用來吸引好運、驅除厄運；男性或女性人物蠟燭能用來代表你想要吸引、療癒或影響的特定人士。

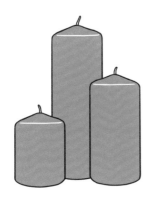

柱狀蠟燭

燃燒時間： 30到35小時

　　柱狀蠟燭隨處可見，但是在現代蠟燭魔法中，已經被抽出式蠟燭所取代。如果柱狀蠟燭是你最後的選擇或你只是更喜歡用它，當然隨時都可以使用。柱狀蠟燭相當適合長期目標，且可以用在需要月相和行星來引導，或者是需要持續數十天甚至數週的法術或儀式。柱狀蠟燭適合雕刻，有多種顏色和大小。

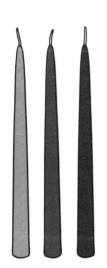

錐形蠟燭

燃燒時間： 12小時

　　錐形蠟燭以狹長的形狀和錐形頂部而得名，最適合用在目標簡單的儀式或吸引力法術中。這種蠟燭非常容易損壞，燃燒週期雜亂還會滴落大量的蠟，因此對需要雕刻或動手的法術來說並不是最佳選擇——但很適合用來做蠟燭占卜。在錐形蠟燭上塗抹茉莉花、薰衣草或其他吸引愛情的精油，在約會時點燃就可以加強愛意和吸引力。由於錐形蠟燭非常高，因此常常在數日裡分段燃燒。金色或銀色的蠟燭可用以獲得來自天界和神靈的協助，亦可用於金錢魔法。

自製蠟燭

　　雖然自己製作蠟燭非必要，但自製蠟燭無疑是從頭開始進行法術並創造更高更強振動頻率的好辦法。如果你想製作自己的蠟燭，有些網路課程能幫你挑選必要的工具和設備，學到不同的蠟燭製作方法，在你的手工製作之旅中帶來幫助。如果你對自製蠟燭感興趣，卻沒有能力自己製作，也可以去商店裡購買其他女巫夥伴的自製蠟燭和儀式工具。

＊ 香味

　　就像顏色一樣，氣味也有自己的振動和魔法效果。你在使用芳香彩色蠟燭時，可能會遇到的一個挑戰就是其魔法關係未必匹配。所以，在選擇氣味時，請運用直覺。如果你要進行為期幾天的儀式，或者需要蠟燭燃燒到底而不是人為熄滅的法術，請確保蠟燭的氣味不會打擾到自己、家裡或工作區域的其他人。許多魔法師會用香味裝飾、塗抹自己的蠟燭。而我發現，香味不但會為魔法增添個人風格，也會加強法術的振動，讓法術更有效。只需要把一兩滴精油塗抹在蠟燭上，或是滴在蠟燭頂部，就能創造奇蹟。

＊ 燃燒時間

　　在閱讀這本書以及你的魔法實踐過程中，你會發現有些法術和儀式需要不同的時長，付出不同的努力。所以，在為你的法術選擇蠟燭時，請一定要將燃燒時間考慮在內。除非你想不斷地添加蠟燭，否則

茶燈蠟燭或許願蠟燭可能不適合歷時數日的法術。如果法術要求蠟燭不滅並徹底燃燒，那麼請實際考慮一下你可以為這樣的法術付出多少時間和注意力。如果你沒辦法照料蠟燭直到完全燒盡，也請注意不要讓蠟燭在無人看管的情況下燃燒；你可以選擇燃燒時間短的淨蠟燭，而不是更大的蠟燭。如果你需要進行比較大型的魔法操作，可以考慮有玻璃燭臺的抽出式蠟燭或諾維娜蠟燭，這樣比錐形蠟燭或其他沒有外部保護的蠟燭更安全。

✳ 尋覓蠟燭

通常，蠟燭很容易就能取得，這也是蠟燭在巫術、伏都教、胡督教、威卡教和其他靈性操作中如此常見的原因之一。本章提到的蠟燭大多能在網路、藥店、雜貨店，甚至是十元商店找到。像造型蠟燭、抽出式蠟燭以及七日旋鈕蠟燭這類主要用於魔法或靈性目的的蠟燭，也能在玄學用品店、神物鋪子、女巫店或網路上找到。

請記住，無論你在哪裡購買蠟燭，其力量和用途都是相同的。不管你的諾維娜蠟燭是在哪裡找到的，都和蠟燭的力量無關——只和價格有關。儘管你可能會想支持當地的玄學用品店，但最終，魔法來自於你自身。

✳ 指明道路

你現在已經了解能蒐集和使用的各種蠟燭，也熟悉其所能完成的魔法。但是在你深入研究咒語施法之前，必須先準備好蠟燭——是時候進行一些需要動手的魔法了。在下一章節中，你將會了解如何為法術和儀式正確準備蠟燭。

✳

第四章

淨化蠟燭、
為蠟燭補充能量
以及聖化蠟燭

在這一章中,你將學到如何創造神聖空
間、如何淨化蠟燭、聖化蠟燭的重要
性,還有理解合適的燃燒時間。這些都
是必需的靈性操作步驟,不僅可以為法
術增強蠟燭的魔法特性,也能喚醒內心
深處的能量振動。

✳ 創造出適合蠟燭魔法的空間

在進行蠟燭魔法或其他類型的法術時，許多魔法師都會想擁有專門用於魔法或儀式的神聖空間。這個空間叫做「聖壇」——在這裡你可以放置蠟燭或操作法術。聖壇可以設在桌子、書架、行李箱，甚至是梳妝臺上。有些女巫和魔法師會重新裝飾聖壇，以適應不同的季節、節日，或者是為了祭祀特定的神靈。你可以用水晶、羽毛、花朵、圖畫、雕像和彩色蠟燭來隨意裝飾聖壇，與你想要慶祝或紀念的一切相連接。就像你在這本書和其他類似書籍中能讀到的一樣，許多法術都建議與神靈和靈體一起進行魔法工作，這樣的話那個神靈或靈體的元素就能融入你的聖壇，增強你的法術。

準備聖壇時，安全永遠要放在第一位。請確保你的聖壇周邊沒有電線、手機充電器或者其他障礙物。聖壇上的蠟燭燃燒時，請確保蠟燭遠離針織物品、紙張以及所有易燃材料。如果你燃燒的是淨蠟燭、錐形蠟燭或許願蠟燭，請務必將蠟燭放在蠟燭架或耐熱盤子上。一定要在身邊準備一碗水或一杯水。水可以撲滅失控的火苗，也能邀請靈體協助你的魔法工作。

有一個保持聖壇乾淨的方法是在另外的區域準備蠟燭，例如廚房。在我自己的魔法操作區，我用一個指定的便攜托盤作為蠟燭臺；把蠟燭放上聖壇之前，就在那裡雕刻、裝飾和準備蠟燭，這樣蠟、精油和粉末還有其他東西就只會落在托盤上，而不會把房間搞得一團亂。另外一個簡單的解決方案是用紙箱作為蠟燭臺。

✳ 淨化蠟燭

淨化在所有魔法操作中都是非常重要的一部分；如此你才能清除蠟燭、工具和空間中的負面、汙濁能量和之前存在的能量。你的工具必須一直保持乾淨，使其振動頻率達到最高也最有效。淨化本身就是一種儀式，在大多數靈性做法和魔法實踐中都很常見。淨化有許多不同方法，但我發現煙霧淨化或者說煙薰淨化——我也喜歡叫它「靈性薰蒸」——是最有效的方法。讓蠟燭接觸正在燃燒的藥草、樹脂、木材或薰香的魔法／淨化特質也能增強蠟燭的效果。

進行淨化儀式請遵循以下的簡單步驟：

1. 確定你想要用什麼來淨化蠟燭。你可以選擇藥草、木材或薰香，如乳香、沒藥、聖木、鼠尾草、甜草、迷迭香或肖楠。以你的個人喜好為準。如果你沒辦法做決定，可以考慮你信奉的靈性道路是什麼，以及想要和哪些靈體／神明一起進行魔法工作。

2. 點燃選好的薰香，等待煙飄出來。（如果你用的是乳香或沒藥，必須放在木炭盤和香爐上燃燒。）當薰香開始冒煙且堆積的時候，把香棒像魔杖一樣舉起，活動手腕進行繞圈，讓煙霧環繞你。觀想自己被充滿保護和神聖的環狀能量包圍。

3. 當你淨化周圍的空間之後（你可以靠直覺判斷淨化是否完成，也可以讓薰香燃燒到盡頭），用左手拿起蠟燭，右手拿起薰香，讓煙霧包裹蠟燭。

4. 把薰香放在耐熱盤或薰香架上，雙手拿起蠟燭托到薰香上方。讓煙霧上升接觸到蠟燭，直到被煙霧圍繞，觀想蠟燭正在淨化，得

到更新，變得純淨。你可以祈禱、吟誦，或是說出擁有力量的話語，例如「來自聖地的神聖煙霧，請讓這根蠟燭重生」。

5. 閉上眼睛，繼續將蠟燭舉起到薰香上方，持續 2 到 3 分鐘，讓煙霧完全淨化它。當你感到蠟燭得到淨化和更新的時候，就可以熄滅薰香，準備開始為蠟燭補充能量。

＊為蠟燭補充能量

你所做的任何法術或儀式背後總會有某種目的或意圖。為蠟燭補充能量時，你其實是向蠟燭發出指令，使其從能量上進行將在法術中完成的任務或扮演的角色。補充能量是交感魔法的一種形式。你其實是把能量發送到蠟燭中，然後告訴它你想要它為你做什麼。需要注意的是，只有特別用於法術或儀式的蠟燭才需要補充能量。如果你用的是額外的蠟燭，比如用茶燈蠟燭增加能量或製造氛圍，就不需要為其補充能量。

為大部分在法術中使用的蠟燭補充能量時，要在蠟燭上面刻上符號、名稱或其他元素。如果你的蠟燭裝在玻璃燭臺中，可以用麥克筆在玻璃上畫出這些符號。你也可以透過觀想你的目標，將之發送進蠟燭中以補充能量。

以下幾個步驟能讓你進行簡單又有效的補充能量儀式，在這本書中提到的法術幾乎都可以用上這個儀式：

1. 用雙手握住蠟燭，閉上眼睛，觀想你希望蠟燭幫你實現或協助你實現的事物。如果你想要健康，就觀想自己得到了療癒；如果你渴望愛情，就想像你與伴侶幸福生活的場景；如果你想要金錢，

就想像一個金錢數額或觀想你想要用那筆錢來做什麼。觀想你的願望，以及願望實現時你的生活會是什麼樣。對這個願望冥想一段時間，你需要多久就冥想多久。

2. 當畫面在你腦海中變得清晰時，就可以為蠟燭補充能量。繼續閉著眼睛，將蠟燭拿在手裡，在腦海中循環播放那個場景。深呼吸幾次，想像你把這些想法和目標直接發送進蠟燭之中。感受蠟燭在你手中逐漸變得溫暖、充滿了你的想法也提高了振動頻率。

3. 這時，你就可以在蠟燭刻上印記、符號或者有力量的詞語。如果蠟燭是為別人準備的，你可以把他們的全名或姓氏寫在上面，也可以寫下他們的生日和星座以加強連結。你還可以把這些符號寫／畫在玻璃上，或寫在紙上並放在蠟燭下面（這張紙也叫做請願紙）。

你所觀想的畫面和你在蠟燭上雕刻或畫出的符號有助於構建法術，指引蠟燭向目標前行。你的能量和觀想會加強蠟燭魔法的效果。

✳ 聖化蠟燭

在賦予蠟燭特定目的之後，就可以開始聖化蠟燭了。聖化是一種魔法操作，讓工具成為魔法儀式專用，並視之為神聖。除了蠟燭，你也可以用這個儀式來聖化你想要在法術中使用的任何工具。但是要記住，你所聖化的任何物品——無論是一把刀、雕刻工具或是魔杖、火柴、研鉢和研杵——都只能用於魔法目的。

以下的聖化儀式是專用於蠟燭魔法的；但是，也可以根據其他工具進行更改。

在這個聖化儀式中，我們會用到油──或者說某種精油（一種帶有和你目標相符合香味的精油）或橄欖油（在古時的幾個世紀都用於神聖和魔法用途）。

1.　在右手中滴上大約一角硬幣大小的油。用左手抓住蠟燭底部。為蠟燭塗油，從蠟燭的中間部位開始向上移動。確保你塗抹到蠟燭的整個上半部分。

2.　蠟燭的上半部分都塗上油之後，把蠟燭翻轉過來，繼續用左手握住蠟燭，塗抹蠟燭的下半部。同樣，從中間開始向上移動，確保蠟燭的其餘部分都有塗上油。

3.　蠟燭全部塗好以後，用雙手抓住蠟燭說「如其在上，如其在下，我呼喚與我連結和認識的神靈」。觀想任一與你共同進行魔法工作的指導靈、神明、祖先或大天使的模樣，幫助你聖化蠟燭。這個方法包含了「如其在上，如其在下」的魔法概念，此意謂著你發送目標和能量到上界，請求靈界／天使王國把你的願望帶來物質層面；同時也請求下方的祖先世界為你的法術帶來穩定和進一步的協助。

4.　觀想蠟燭充滿了神聖和魔法的特質，或許還被藍色火焰、白光或薄霧包圍。

5.　呼喚指導靈的借助之後，凝視蠟燭說「這根蠟燭是神聖且被神祝福的；它現在已經擁有與我相匹配的魔法」。

6.　這時你的蠟燭已經得到聖化，可以在魔法中使用了。

雖然淨化、補充能量和聖化的過程也許看起來乏味，但這不僅能加強法術，也會增強你的目標和能量，讓法術更可能成功，並帶來想要的結果。歸根究柢，魔法並不是動動手指或者皺皺鼻子就能完成的事。魔法的發生需要努力、方法和耐心——這些特質需要你操作這些儀式才能學到。

女巫小提示

畫符的日常工具

用彩色眼線筆就能輕鬆在蠟燭上畫出符咒和圖畫。

✳尊重時間

　　在傳統方法裡，淨化、補充能量和聖化蠟燭（也可以叫做「三重儀式」的完成）是和法術共同進行的，或者要盡可能接近儀式開始的時間。

　　然而，大家的生活日程都很忙，一天就只有這麼多時間。如果你覺得準備三重儀式會縮減你的法術時間，或者很不方便的話，也可以提前完成。例如，我只要買到蠟燭就會馬上淨化，然後將補充能量和聖化作為我法術的一部分。蠟燭淨化完成之後，就不需要再次淨化，除非你要把蠟燭用在不同的用途和咒語裡。

　　你會發現許多法術都要在特定日子或特定月相時操作，在這種情況下，我認為最好的方法就是在日曆上安排時間來進行咒語。確保事

先準備好所有工具，並且留出私人時間，以便成功完成法術。如果你提前知道操作法術當天時間有限的話（比如你在滿月那天只有兩小時獨自在家），請在前一天晚上就為蠟燭補充能量並聖化蠟燭。如此你操作法術的時間就能縮短一半。準備好蠟燭之後，請記得將之留在聖壇上以激發靈性。

三重法術

　　雖然三重法術在這裡專用於蠟燭魔法，但為法術工具完成淨化、補充能量和聖化的過程在各種魔法中都非常重要。你會在許多傳統中發現三重法術的元素，包括威卡、薩泰里阿教、傳統巫術、胡督／伏都，還有美洲原住民薩滿教。

✽指明道路

請謹記蠟燭是你的目標、成果和願望的物質世界表現，用正確的儀式處理你的蠟燭對法術的成功非常重要。現在你已經學到如何準備蠟燭，那麼是時候學習魔法顯化的重要性和用正確方法設定目標了。

Chapter 5
第五章

*

設定意圖和
掌握法術

無論你選擇什麼顏色的蠟燭，無論你用
什麼精油和藥草來裝飾你的蠟燭，你的
法術只有在有了合適的意圖時才會強大
並具有效力。這一章節會討論設定意圖
的重要性，以及如何用正確方式成功進
行法術。

✽ 為轉變選擇法術

在魔法的世界中，存在著許多不同目的的法術。無論你腦海中的想法、需求或願望有多獨特，一定有一根蠟燭能滿足你，也一定有一種法術能幫你實現。最受歡迎的法術往往是關於我們最常見的願望和目標：愛、保護、健康和豐盛。選擇法術的時候，首先要考慮你想要實現的目標。你想要薪水更高的工作嗎？你在尋求愛和陪伴嗎？你是否遭受病痛的折磨而需要療癒？然後，找出最能滿足這個需求的種類，這樣就可以找到最有效的法術。

愛情

愛情法術能帶給你自己和別人浪漫與激情。但需要注意的是，愛情魔法非常強大，其目標絕對不應該是操縱別人的感情、自由意志或能量。對愛情魔法的意圖始終應該經過深思熟慮；一旦意圖明確之後，可以說這些法術將從能量上促進愛情、激情和浪漫或帶來靈性上的「推動」。

保護

不管你想要的是免受傷害、遠離敵人，還是避免受到靈性攻擊，在探索魔法世界時，保護法術都必不可少。這些法術不但可以為你在靈性層面帶來安全，免受對手的傷害，也能幫助你為家園、所愛的人和你自己建立起屏障，帶來守衛，劃清界線。

療癒

不管是身體上還是情感上，疾病都是最難處理的事情之一。這本書中的療癒法術會向你介紹不同種類及方法的療癒魔法，包括情感療

癒、身體療癒和靈性疾病的療癒。這些法術能治癒當前的疾病，也能保護你與所愛的人免受未來疾病或病情復發的困擾。

成功和豐盛

財務穩定很重要，你可以透過一點魔法助力來實現。帶來成功的法術能增加收入，滿足我們的財務需求。這些法術有許多形式，透過不同方式來提供幫助。無論是獲得工作、得到拖欠的錢，還是在新的事業中獲得穩定，每個目標都有相對應的法術。此外，也可以加入帶來成功的藥草（迷迭香、月桂葉等）、錢幣、骰子和好運圖騰（比如幸運兔腳），讓成功和好運融入你的魔法工作。永遠不要請求或懇求成功到來——產生結果的最好方法是做出明確聲明，宣稱它一定會發生。這本書中會講到能帶來好運、快速到來的金錢、職位晉升還有成功的巧妙法術。

啟迪

有時候我們需要一點魔法帶來改善，讓我們精神一振，你猜怎麼樣？有這樣的蠟燭能幫你實現目標！帶來啟迪的法術能激發幸福感、對抗憂鬱、修復友誼、吸引正向能量，以及為停滯不前和困難重重的階段帶來清晰的頭腦。但是請確保在使用啟迪法術時不以魔法操控他人感情。有些人需要處理好自己的感受，面對自己的想法，才能獲得療癒繼續前進。這一部分內容會講到為你的生活帶來一點快樂、喜慶和正面能量的法術。

占卜、靈性交流、靈魂投射和夢境

練習魔法也有助於提高你的魔力等級！如果你想訓練占卜技巧、連接祖先或指導靈、激發夢境、獲得預言能力、增強法術，或者和神明共同進行魔法工作的話，有許多法術能幫助你實現這些目標。

✳ 魔法顯化

意圖就是透過口令、書面文字、想像或描述表達出明確的願望或目標。設定意圖需要深思熟慮，也是非常強大的過程，每次都可以增強、影響你的蠟燭魔法實踐。

設定意圖和目標是蠟燭魔法的基本部分；當魔法師決定進行儀式或法術的時候，這個過程就開始了。重要的是預先知道設定意圖的強大。你必須清楚自己想要的是什麼，才能專心且有意識地實現它。想像你想要的儀式結果不但能增強你的顯化能力，也能加強你的蠟燭魔法操作。

開始法術之前，在設定意圖時，有以下幾件事情需要思考：

對你的顯化進行冥想

你需要認真地花些時間想像你希望發生的事情。你想要實現的是什麼？放鬆心情，冥想你的法術，想像你希望顯化的事。你想要的結果是什麼樣？花些時間嘗試不同的場景。在確定想要的意圖之前，先仔細查看所有的選擇和描述。

設下特定的意圖

關鍵點在於要足夠具體。設定意圖的時候，你必須非常具體，特別是在使用蠟燭魔法和為了愛情或金錢等等目標來進行法術的時候。沒錯，說出「希望我的老闆能讓我休假」也是一種意圖——但是太模糊了，這句話沒辦法保證你一旦得到「休假」之後還能重返工作。而「我想要帶薪休假得到批准，這樣就可以去度假了」的意圖非常具體且有遠見，在你進行法術時也不會留下錯誤或被曲解的餘地。設定意圖真的就是這麼重要——意圖愈明確，愈能達到預期的效果。

迴避「願望」和籠統的目標

願望和意圖不同。願望的力量更弱更被動，本質上屬於懇求。這意謂著你把力量交給宇宙和靈性世界來做決定，而不是做出明確的聲明，由你創造自己的命運。願望可能聽起來像「我希望老闆喜歡我的表現，讓我得到晉升」；更強大的意圖則是「我的老闆會認可我的努力，我會得到晉升」。當願望成真的時候，我們可能會感到驚喜，但是當我們設定具體、強大的意圖時，更有可能實現想要的結果。

設定現實的意圖

設定意圖能讓事情成真。我們必須讓自己的意圖扎根在邏輯領域，無論看起來有多世俗。沒錯，魔法是真實存在的，它有助於我們獲得看似困難或遙不可及的事物。但事實上，魔法並非生活中問題的修復工具。試圖使用法術讀懂伴侶的想法就是在浪費意圖，浪費靈性成長，也是浪費時間。設定意圖的時候，要考慮現實的善後工作。如果你沒有經歷任何正式培訓，使用魔法讓你成為公司的 CEO 是否值

得呢？也許你可以透過魔法幫助你學習商業計畫，或是建立人脈，吸引合作夥伴來幫助你實現成為 CEO 的長期目標，這樣是不是會更好呢？

設定合乎道德標準的意圖

在考慮願望和結果的時候，你必須保證自己的意圖符合道德標準。要記住，如果你操縱別人的自由意志，事實上你給自己帶來的後果植根於謊言。為自己或別人使用法術時，應考慮到它會造成的影響。會有人因此受到傷害嗎？會有人的生活受到負面影響嗎？你的願望不應該以犧牲別人為代價，特別是當願望未能得到回報時。

進行愛情法術的時候，請避免強迫別人愛上你。相反的，可以專注於提高自己的吸引力，或為自己吸引別人的注意力這一類的法術。

用積極的態度來表達意圖

在設定意圖的時候，你一定要保持希望、自信和積極正向。如果你帶著自信的態度設定意圖，用正面的語言來陳述，就更有可能達成預期結果，朝著正面的方向前進。

以下你會看到一些設定意圖的範例，有助於你著手進行法術之前思考和創造出自己的意圖。

（姓名）會快速、平安地得到療癒。

我會得到我申請的工作。

今年我會在秋季學期開始前出國旅行盡情玩樂。

我會賺到並存下我需要的錢，下個月就可以搬家了。

我會和一個無條件愛我，且經濟和情緒都穩定的人，建立穩定的戀愛關係。

如何建立意圖

　　意圖是蠟燭魔法中最重要的元素之一，所以在法術之前、法術過程中和法術之後你都一定要在心中想好明確的意圖。你可能會需要大聲重複意圖。當你把能量和思想投入意圖和目標時，就會增強你法術的振動。

女巫小提示
意圖的制定

　　在寫下或規畫意圖的時候，我認為用以下這個簡單的公式效果最好：

● 說出你的願望（要儘量具體）。

● 加上你希望顯化的時間範圍（如果時間很重要或適用於你現在的情況）。

● 使用「我」來陳述，並且用現在式來陳述願望。

● 要把你的意圖變成命令而不是請求。

✱ 施展法術，點燃火焰

雖然這本書的第二部分會專門講到特定咒語，但我還是要向你介紹進行蠟燭魔法時從頭到尾的常用步驟，這樣你就可以做好準備。如果之後你在進行更難的法術時需要幫助，或你想要創造自己的法術，可以返回本章節參考。

1.　找到你的意圖，對你的願望進行冥想，專注於想要顯化的事物。

2.　找到或指定你要進行的法術。

3.　找到最適合該法術的蠟燭顏色和類型。

4.　設定意圖之後，雙手放在蠟燭上，將你的能量和意圖送入蠟燭。

5.　一步步按照所選法術的指示進行操作，請注意不要急於求成，也不要跳過任何細節，無論簡單或複雜。

6.　試著找到專用於蠟燭魔法的雕刻工具。這種工具可以是釘子、削尖的筷子、鋼筆或黏土雕刻工具。要讓它成為你的專屬用具，因為這個工具會充當魔杖，在你雕刻蠟燭的時候把你的意圖和能量傳遞到蠟燭中。

7.　讓蠟燭在封閉的環境中安全地燃燒。如果你沒辦法讓蠟燭自行熄滅，請謹慎並且有意識地熄滅蠟燭的火焰（千萬不要吹滅）。

8.　蠟燭安全燃盡或熄滅後，如果你的咒語是為了得到某樣事物，就把蠟燭埋起來；如果蠟燭是用來驅散某樣事物，就把蠟燭丟掉。

蠟燭的燃盡和掩埋

在蠟燭魔法領域中，有很多關於吹蠟燭的爭議。我所學到的是吹滅法術或儀式使用的蠟燭會冒犯火的神靈並且分散你的意圖，使之無法起作用。民間傳統有主張掐滅燭火而不是吹滅。我有一位導師總是用手指捏滅她的蠟燭，以此作為祭獻來感謝火的幫助。我認為當你無法讓蠟燭安全燃燒殆盡時，最好的方法就是把法術中的火焰掐滅或捏滅。如果你別無選擇，只能吹滅蠟燭的話，只需要感謝火焰，然後在吹滅蠟燭的時候重新聲明你的意圖就好。

大多數用在魔法操作中的蠟燭都能完全燃燒到盡頭。如果蠟燭自行熄滅，就不要再點燃了。用在魔法中的蠟燭自行熄滅，就表示你所選擇的法術不能幫助你，或你所尋求的答案已成定局。在這種情況下，請重新審視你的意圖，花幾天時間重新思考你真正想要的是什麼，然後等待至少一週再進行下一個法術，並且丟掉和當前法術有關的所有物品。

丟掉法術物品的時候，一定要想著你所進行的法術。如果這個法術是為了吸引、發展或獲得某樣物品，就把殘餘物埋在你家前面或後面；如果你想透過法術驅散或移除某些事物，就把法術的殘餘物丟到遠離你家的垃圾箱。法術完成之後，最好等待蠟燭完全冷卻，並確保所有易燃的殘餘物都已經完全熄滅。

✳ 讀懂火焰

在法術中燃燒蠟燭時，請記住這些預兆和暗示：

● 蠟燭難以點燃。這代表你選擇的魔法類型沒辦法幫助你，你應該去找另一種類型的法術或儀式。

● 蠟燭火焰分裂成兩個或多個火焰。代表可能有其他能量參與或協助你的法術。如果發生了這種情況，請一定要透過靈性煙燻來增加額外的保護，或者製作額外的蠟燭進行保護。

● 蠟燭火焰很高。表示法術背後充滿了許多力量和能量，會有正向的結果。

● 蠟燭火焰燃燒得很低。有強大的反對力量，可能需要進行淨化魔法或驅散魔法。

● 火焰發出劈啪聲或爆裂聲。既有可能是神靈試圖與你交流，發送訊號，也有可能是法術所針對的人會在未來與你進行交流。

● 你試圖熄滅蠟燭的時候它並沒有熄滅。神靈不想要你熄滅蠟燭。所以你可以讓蠟燭完全燃燒殆盡，或等上 13 到 30 分鐘再嘗試讓它熄滅。

● 蠟燭燃燒的時候火焰熄滅。神靈沒辦法幫到你，且你要的答案已經注定了。如果你在蠟燭燒完之前意外地得到了結果，蠟燭火焰也有可能熄滅。

✳ 指明道路

即便你是蠟燭魔法的初學者，也可以操作無數魔法，專注並設定數不清的意圖。進行魔法的時候，耐心是關鍵；請記住，永遠不要急於完成你的法術，要享受這個過程。

本書的第二部分裡，你會探索各種各樣蠟燭魔法的法術，每一種都有不同的做法、傳統和主題。在介紹每個法術時，我會列出你需要的特定物品及其象徵意義，以及會為儀式帶來的能量。

讓魔法開始吧！

第二部分

蠟燭魔法中
帶來改變的法術

Chapter 6

第六章

✳

愛 情 法 術

愛情法術一直是歷史上最受歡迎的法
術。愛情法術既能召喚愛情,也能歌頌
愛情,不管是肉慾之愛、情感之愛或浪
漫之愛。這些法術能用來吸引戀愛伴
侶、讓朋友之間激發愛情的火花,也會
喚起你內心的激情。下文中你會了解到
一些能在戀愛領域幫到你的法術。

＊迎接愛，點燃愛

在這一章節中，你將會學到如何召喚生命中最受追捧的東西——愛。愛有多種形式，在選擇愛情魔法的時候，確定好你希望獲得哪種愛情非常重要：浪漫愛情、身體之愛還是柏拉圖式的愛。當你設定意圖選擇法術的時候，也不要忘記為自我關愛留出空間。開始吸引身邊的人之前，你必須先確保準備好所需要的一切物品。

愛情魔法常用物品

蠟燭類型：柱狀蠟燭、抽出式蠟燭、淨蠟燭、浮水蠟燭、許願蠟燭、茶燈蠟燭

蠟燭顏色：紅色、粉色、白色

藥草：迷迭香、茉莉、玫瑰、薰衣草、達米阿那

精油：茉莉、玫瑰、埃及麝香、香草、薰衣草

水晶：粉水晶、白水晶、紅玉髓、石榴石

首選時間：愛情魔法在週五和週日晚上進行效果最好；在滿月或盈凸月期間進行效果最好。

✳ 阿芙蘿黛蒂美麗儀式

　　這個法術也是魅力法術，不但能用來增強信心，也可以為你注入古代女神阿芙蘿黛蒂本人的美麗、優雅和熱情能量。最好在私人空間或當你獨自在家的時候進行這個法術。傳統上這個法術要裸體進行；但是，如果你想的話也可以穿著內衣或短褲背心來進行這個儀式。為了給法術增添額外的魔法效力，請在滿月期間的週五晚上進行（如果不可行的話，就在週五晚上或下一個滿月期間進行）。要給自己留出至少兩個小時來執行和完成法術。你以燃燒一些乳香，用粉紅色的布、貝殼、珍珠（無論真假）、天鵝圖片，還有粉晶來裝扮桌子，作為給阿芙蘿黛蒂的聖壇。每當你需要增加信心或女神能量的時候，都可以進行這個法術。法術完成之後，你可以在約會或追求某個特定伴侶時繼續觀想這個法術。

所需魔法物品

- 小型雕刻工具（小刀、筷子、鋼筆、黏土雕刻工具、釘子或鉛筆）
- 2根粉紅色淨蠟燭和燭臺（帶來浪漫和愛情）
- 玫瑰精油（帶來愛情）
- 1根紅色淨蠟燭和燭臺（帶來性感和慾望）
- 全身鏡或大鏡子（梳妝臺或浴室鏡子都可以）
- 火柴或打火機
- 草莓（帶來性慾和激情）
- 1顆粉水晶（帶來愛情和吸引力）

進行法術

1. 為你的蠟燭淨化、補充能量和聖化，為法術做好準備。

2. 事先泡澡或淋浴來淨化自己。

3. 用雕刻工具把你的名字、姓名首字母縮寫或名字的首字母加上姓氏刻在紅色蠟燭上。

4. 在一根粉色蠟燭上刻「GODDESS」，在另一根粉色蠟燭上刻「APHRODITE」。（如果你覺得沒有足夠的空間寫完女神的全名，也可以刻下其羅馬名字「VENUS」。）

5. 用1或2滴玫瑰油塗抹三根淨蠟燭。

6. 把淨蠟燭放在蠟燭架上，放在鏡子前，中間放紅色蠟燭，兩側放上粉色蠟燭。（如果你用的是全身鏡，就把蠟燭放在地上。但如果有地毯的話，一定要把蠟燭放在單獨的小盤子上。）

7. 把燈關掉，這樣蠟燭就會成為你唯一的光源（或者，為了讓你感到更舒適，把燈光調暗，讓房間盡可能地暗下來），確保可以在鏡子裡看到自己的倒影。

8. 點燃蠟燭之前，花些時間想像女神阿芙蘿黛蒂的模樣。祂長什麼樣？祂對你來說是如何成為美的象徵？作為愛的化身，祂聞起來如何？

9. 在你的腦海中構想出這個形象後，大聲呼喚阿芙蘿黛蒂，或者在腦海中呼喚祂。

10. 點燃每根蠟燭前都說出祂的名字。

11. 點燃所有蠟燭之後，凝視鏡中的自己。

12. 如果你還穿著衣服，這個時候可以把衣服脫掉。

13. 在鏡子裡凝視你的身體。你最喜歡自己的哪個部分，不喜歡哪個部分？

14. 凝視鏡子裡的自己之後，眼睛看向下方蠟燭的火焰。看火焰如何舞動閃爍。

15. 注視火焰，讓思緒開始遊蕩。想像火焰正在把你所感知到的不完美都燒掉。逐漸模糊視線，觀想火焰環繞著你，讓你充滿神聖的光芒。

16. 再看回鏡子裡的你，想像阿芙蘿黛蒂站在你左肩後方。

17. 閉上眼睛，觀想阿芙蘿黛蒂與你融為一體——祂的身體、祂的靈魂和祂的本質都融入你的身體，你們合二為一。這樣的融合是什麼感覺？祂的存在是讓你感到清涼，還是感到溫暖？大聲重複祂的名字三次「阿芙蘿黛蒂，阿芙蘿黛蒂，阿芙蘿黛蒂」。

18. 睜開眼睛盯著鏡子，你會看到自己的美麗增長，你的身體散發著光芒，缺點和不完美都被撫平。你會看到自己成為女神的化身，感受到真理在你體內振動。

19. 讓淨蠟燭燃燒到盡頭，同時花些時間在房間裡坐下、休息或走動，繼續感受體內女神的本質。

20. 當蠟燭完全燃燒殆盡之後，倚靠在床上或沙發上，吃一顆草莓（或者吃好多顆），想像你正在服用有魔力的媚藥，它會讓你充滿激情，為你灌入女神的力量。為了增強和保持法術的能量，可以用 1 滴玫瑰精油塗抹粉水晶，並隨身攜帶這塊粉水晶直到下一個滿月，然後把它埋在你的後院或盆栽植物中。

✳ 阿瓦隆蘋果愛情咒語

無論你是想要重新復甦當前戀愛的火焰或召喚出新的伴侶，這個法術都可以奏效。

阿瓦隆被稱為「蘋果之島」，是充滿療癒、知識和力量的神聖之地。儘管蘋果聲名狼藉，但它其實是非常有效的植物藥材，在歷史上的許多愛情魔法中都能找到它的蹤影。這個法術可以在滿月之夜或週五晚上進行。準備一個簡單的聖壇，放上粉水晶、蘋果和一小杯蘋果酒或蘋果汁，就可以請求阿瓦隆島女祭司、女神和仙女王后摩根勒菲黑女巫的幫助。

所需魔法物品

- 1 顆紅蘋果（帶來激情、性感和活力）
- 小刀或雕刻工具（如果你想在法術中吸引某人的話可以使用；非必需）
- 蜂蜜（讓法術變得甜美）
- 肉桂和丁香（促進愛情；非必需）
- 2 根粉色淨蠟燭（帶來浪漫）
- 供品盤或小盤子
- 火柴或打火機

進行法術

1. 雙手握住蘋果，閉上眼睛集中注意力。感受蘋果的冰涼，深呼吸，想像蘋果從中心部位開始散發出溫暖的感覺。

2. 用左手拿起雕刻工具的鋒利部位，說「我用這把刀片刺破掩飾，我的心讓愛啟航」。

3. 把蘋果從水平角度切成兩半，露出裡面的五角星形狀。看著蘋果的兩半，專心觀察中心的星星形狀，說「就像黑夜中不幸的戀人，讓我們光芒閃耀，直到我們在一起」。

4. 為了讓法術變得甜美愉快，可以用同一把刀在蘋果的兩半分別塗上蜂蜜。需要的話，也可以加上肉桂和／或丁香以增強愛情。

5. 如果你心中有想要吸引的人，就用雕刻工具把他們的姓名首字母刻在一根蠟燭上，然後把你的姓名首字母刻在另一根蠟燭上。如果你想吸引新戀情，請跳過這一步直接來到第6步。

6. 用蘋果的兩半作為蠟燭的底座。在蘋果的兩半分別放上一根淨蠟燭，可以扭動蠟燭以固定在蘋果上。

7. 把兩半蘋果放在供品盤上，在兩半蘋果上各塗一圈蜂蜜。

8. 點燃兩根蠟燭。

9. 點燃蠟燭之後深呼吸。在保持安全的情況下，將雙手分別放在火焰的上方或前方。想像你正在把愛和光送進蠟燭；想像蜂蜜正在為你吸引愛情，而蠟燭的作用則如同燈塔。

10. 繼續把手放在蠟燭前，說出：「喔，偉大的女士，摩根勒菲，我請求妳為我送來愛情。就像從阿瓦隆湖送出了偉大的王者之劍一樣，請為我送來我夢寐以求的愛吧！」

11. 可以的話，就讓蠟燭完全燃盡（淨蠟燭通常需要 2 到 3 小時燃盡）。如果你不能讓蠟燭燃燒到底，就敲桌子 3 次，感謝摩根勒菲，再把蠟燭掐滅（不要吹滅）。

12. 在第二天的同一時間重複這個法術，直到蠟燭完全燃燒殆盡。

13. 蠟燭燃盡之後，把蘋果埋在土裡，最好埋在靠近和愛情有關的植物附近，比如玫瑰、薰衣草或迷迭香，這樣可以保護你的法術。

14. 完成法術後，你可以喝一些蘋果酒或果汁，或燃燒一根有蘋果香味的蠟燭為法術增添效力。

15. 在這段時間，你可以出門去、開始網路交友、參加同學會，或者加入新的社交群組。誰知道你會遇到誰呢？

16. 法術開始奏效後，記得感謝摩根勒菲和仙女。

＊ 「愛人，來到我身邊」法術

　　無論你是想讓朋友變成潛在的戀愛對象，還是在工作中遇到了引起你注意的人，這個法術都意在吸引你心中所愛的特定之人。你會用到造型蠟燭，所以請記得，這個法術包含你要顯化出的強大魔法和能量。使用這個法術之前，請考慮好你是不是真正想要追求這個人或和

這個人建立戀愛關係。如果你只是想要肉體關係或想誘惑某個人，並沒有真正下定決心要一對一的伴侶關係，就使用紅色蠟燭。這個法術最好於週五晚上在偶數小時進行（例如下午 6 點、晚上 8 點或晚上 10 點），或者在滿月期間進行。這個法術需要連續進行——在每天晚上的同一時間進行，直到蠟燭完全融化。

所需魔法物品

- 2 個粉紅色造型蠟燭或紅色造型蠟燭，代表所想要的關係（男女關係、男男關係、女女關係等等）
- 雕刻工具
- 4 滴玫瑰精油
- 黑色耐熱陶瓷盤
- 紅線，最好是粗的工藝線或縫紉線，長度要足以繞兩根蠟燭 9 圈（帶來黏合力和浪漫）
- 火柴或打火機
- 粉色或白色的布（促進愛情）

進行法術

1. 在週五晚上，用雙手各拿起一個造型蠟燭。選擇一個代表你自己，另一個則代表你想要的伴侶。決定了之後，就閉上雙眼。手中繼續拿著蠟燭，觀想從你心中向手臂和雙手發送一股溫暖的粉色能量流，讓能量流直接進入蠟燭。對這個意象冥想一段時間。

2. 放下代表你的蠟燭，繼續把注意力集中在代表心儀伴侶的蠟燭上。想像他們的個性和身體特徵，將所有能量都發送到造型蠟燭裡。把蠟燭拿在手中，閉上眼睛，想像伴侶的本質和個性正在經由你來送入蠟燭裡。感受蠟燭充滿生命力和能量的頻率與脈動。

3. 用雕刻工具把你的全名或姓名首字母刻在代表心儀伴侶的蠟燭底部或背部。

4. 接下來，在代表你自己的蠟燭底部或背部刻上心儀伴侶的全名或姓名首字母。

5. 用玫瑰精油塗抹蠟燭，每個蠟燭塗2滴。

6. 觀想你和心儀伴侶正沉浸在愛河之中，任何可能阻礙你們愛情的東西都已清除。

7. 把蠟燭放在盤子上。讓兩個蠟燭面對面，將線纏繞在蠟燭上。每在蠟燭上纏繞一圈，都要說「我用這根線拉動我們，讓我們心連心，肌膚相親」。

8. 把紅線在兩個蠟燭上纏繞9次之後，打一個牢固的結，確保不會散開。

9. 點燃兩個蠟燭，說：「當激情燃燒時，兩者合二為一，讓愛的火焰燃燒得比太陽更明亮吧！」

10. 讓蠟燭燃燒30分鐘至1小時，同時專注於你的意圖。想像你與這個人的未來前景，並且把他們想像成你的另一半。

11. 完成之後，熄滅（或用手指掐滅）蠟燭，第二天在同樣的時間重複第9步和第10步。

12. 法術進行數日直到蠟燭燃盡，完全融化，仔細看看餘下蠟油中的意象。蠟是否形成什麼特別的形狀或符號？（如果有的話，你可以在關於象徵符號的書中查找其意義，以更好地理解。）

13. 把蠟和法術的剩餘物蒐集起來，用粉色或白布包好。

14. 把包好的布以及法術的剩餘物和蠟埋在院子裡，或埋在家中的盆栽裡。

15. 開始和這個心儀對象建立關係，要記得你們之間已經有一條象徵性的線把你們連結在一起了。

✳ 芙蕾雅的貓薄荷點燃激情蠟燭魔法

芙蕾雅是北歐的愛情、美麗和生育女神。貓是芙蕾雅的聖物（所以要用到貓薄荷），但牠們的重要性遠不止於此；貓在許多文化裡，比如古埃及文化中，也代表了性感和女性氣質。

在週五晚上，或在可能發生肉體關係的浪漫約會之前，可以進行這個法術。施過法的蠟燭能增添「氛圍」，為你提供激情所需的耐久力和活力。這個法術並不引人注意，甚至可以在你工作時進行！製作好蠟燭並施法後，就可以針對不同的人多次使用，僅僅用在自己身上也可以。

所需魔法物品

- 報紙、紙巾或扁平的盤子
- 1根紅色柱狀蠟燭（帶來性感和激情）
- 玫瑰精油（加強美麗和愛情）
- 少量貓薄荷（帶來情色）
- 少量迷迭香（加強魔法）

- 少量肉桂（增強耐久力）
- 火柴或打火機

進行法術

1. 準備好你的工作區域，鋪上報紙、紙巾或盤子，以蒐集掉落的藥草和香料。

2. 雙手握住紅色柱狀蠟燭，閉上眼睛，專注於你的願望。想像你的激情，感受身體的麻刺感，把這種能量送進蠟燭中。

3. 將一角硬幣大小的精油滴在手中，從蠟燭芯開始向下擦拭蠟燭。想像你正和伴侶在一起，讓你的思緒飄蕩，像做白日夢一樣。

4. 蠟燭塗好油之後，直接在上面撒一撮貓薄荷。用手慢慢轉動蠟燭，讓蠟燭的各處都黏上貓薄荷。

5. 撒貓薄荷的時候，說：「芙蕾雅，尊貴而神聖的女神，讓夜晚點亮我的神采吧！」

6. 之後，用同樣的方法給蠟燭撒上一撮迷迭香，說「迷迭香請保護我的法術，保證我能得到滿意的結果」。

7. 用同樣的方式給蠟燭撒上一撮肉桂，說「迷人而甜美的肉桂，請為我的慾望添加一些熱情」。

8. 為蠟燭撒完所有藥草和香料之後，拿起報紙、紙巾或其他任何你用來蒐集掉落物的道具。把掉落在報紙上的東西重新撒回蠟燭上。

9. 把蠟燭放在床頭櫃或房間裡的安全位置。

10. 在客人來到之前，點燃蠟燭說：「神聖的火苗，神聖的火，芙蕾雅女神，請幫助我實現我的願望吧！」

11. 讓蠟燭燃燒，直到你準備睡覺的時候。

12. 蠟燭可以重複使用，一直到它完全融化、自行熄滅為止。

✱ 埃及豔后自我關愛牛奶浴魔法

　　埃及豔后克麗奧佩脫拉是埃及最後一位法老，她以魅力、智慧和美貌聞名。眾所周知，她既自信又聰明，還俘獲了羅馬帝國兩位最有權勢的男人的心。這個儀式裡融合了古埃及和希臘的儀式淨化習俗，也能增強自我關愛和影響力。傳說埃及豔后曾泡在芬芳的牛奶和蜂蜜中沐浴，這增強了她的光采。雖然這個儀式需要洗澡，但儀式的重點是其中使用的蠟燭。當你感到孤獨、空虛、被忽視、憂鬱或侷促不安，可以用這個儀式大大地提升自我關愛。

所需魔法物品

- 1 小片紙
- 紅色筆
- 平底鍋
- 1 杯全脂牛奶（帶來更新）
- 2 湯匙蜂蜜（帶來吸引力）
- 3 個白色茶燈蠟燭

- 3滴乳香精油（帶來神聖賜福和淨化）
- 火柴或打火機

進行法術

1. 在儀式開始之前，用紅色筆在紙上寫下「我是神聖的，我是被愛的，我是有魔力的」。

2. 把鍋子放在爐上，倒入牛奶和蜂蜜，加熱直到蜂蜜完全溶解，但不要煮沸（鍋子邊緣會出現氣泡，蒸汽開始上升）。等待混合物冷卻。

3. 等到牛奶和蜂蜜的混合物冷卻後，在乾淨的浴缸中放好洗澡水。

4. 把洗澡水調整到喜歡的溫度，讓茶燈蠟燭圍繞浴缸擺放，把你環繞在中間。蠟燭可以放在你的面前，也可以放在兩側，只要是你喜歡的方式就好。要記得留出足夠的開放空間，這樣蠟燭燃燒時你也可以安全地進出浴缸。並且，也要確保那張寫有願望的紙就放在旁邊。

5. 在浴缸中加入3滴乳香精油，說：「艾希斯女神，愛的神靈，請從天堂祝福這些水吧！」

6. 接下來，將牛奶和蜂蜜的混合物倒入浴缸，說「哈索爾女神，我用您的牛奶祝聖了這些水。請讓我敞開心房，讓我的皮膚光滑如絲綢」。

7. 點燃茶燈蠟燭，進入浴缸。放鬆片刻，想像牛奶和蜂蜜正在淨化

你的身體；乳香正在清除你自我懷疑的情緒。想像你正在變得強大；想像埃及豔后和她對於你的意義。想像自信和自愛看起來是什麼樣，這些感覺又是什麼樣？清除孤獨和痛苦情緒，如果需要也可以哭出來。

8. 當你釋放出情緒，準備好繼續前進的時候，拿起寫有願望的那張紙，用一根蠟燭點燃它。

9. 注視著燃燒的紙，當心不要讓它燒到你的指尖。在它燒到一半的時候，把剩餘部分放進浴缸裡。

10. 注視著灰燼、燒過的紙及蠟燭。盯著蠟燭，說出正向的肯定語言，比如「我很聰明，我很善良，我很美麗」。

11. 花些時間泡在浴缸裡，用溼毛巾輕輕擦拭自己，讓自己充滿愛的能量。回想一些快樂的時光。

12. 當你覺得已經泡得夠久了，用浴缸裡的水熄滅茶燈蠟燭。

13. 把蠟燭埋在戶外。

14. 沐浴之後，可以佩戴金色的飾品以喚起蠟燭的能量和你在儀式中運用的古老力量。

15. 需要的時候再次進行這個儀式。

✳ 「這就是愛」伏都愛情召喚魔法

伏都教，特別是紐奧良伏都教，融合了非洲、美洲原住民、歐洲和天主教信仰的宗教和魔法元素。這個法術的目的是吸引你所愛的人或促進新戀情。這個簡單的法術在滿月或盈凸月期間進行最有效，你可以在戶外的月光下或在能看到月亮的窗戶旁進行。這個法術是受到 Denise Alvarado 的魔咒書《Voodoo Hoodoo Spellbook》啟發而產生。

所需魔法物品

- 紅色筆
- 1張紙
- 1根粉色淨蠟燭（帶來愛情和浪漫）
- 雕刻工具
- 1滴金銀花油（吸引愛情）
- 火柴或打火機

進行法術

1. 用紅色筆在紙上寫下你想要的人或事物。

2. 用雕刻工具在粉色淨蠟燭上雕刻出一個心形。

3. 用1滴金銀花油從燈芯開始塗抹蠟燭，一直到底部。

4. 如果你在室內，就把蠟燭放在窗臺上，讓心形面向窗外，這樣月光就能為它充盈能量。

5. 把寫有願望的紙放在蠟燭的底座下方。

6. 把金銀花油放在蠟燭旁邊。

7. 點燃蠟燭，說「來自上天的神聖力量，請吸引我所愛的人」。

8. 讓蠟燭完全燃盡（大約需要1到2小時）。

9. 蒐集剩餘的蠟和寫有願望的紙，埋在你家附近。觀想你播下了一粒種子，新戀情會從埋下的法術剩餘物裡生長綻放。

10. 每次出門去見人時，都在你的耳朵後面塗一點那瓶充滿月光能量的金銀花油。

第七章

＊

療癒法術

無論你是需要療癒破碎的心、從受傷中恢復還是從疾病康復，以下幾個法術都能幫助你為自己和所愛的人帶來療癒的效果。

✳ 尋求療癒，提供療癒

要注意很重要的一點就是，療癒法術並不是簡單地修復或消除傷害和疾病，而是帶來安撫和修復效果。療癒有多種形式和表現。

在為他人進行療癒法術時，一定要確認並對這些問題進行冥想：他們會介意你為之進行法術儀式嗎？你的法術會干擾到他們的自由意志嗎？如果你對自己的做法感到滿意，請爭取你想要做法術的人的同意。

用於療癒法術的常見物品

顏色：白色、藍色、黑色
水晶：紅玉髓、水晶、拉長石、赤鐵礦、紫水晶、粉水晶
精油：尤加利、迷迭香、橄欖油、佛手柑
首選時間：週一、週日、滿月和虧凸月期間

✱ 帶來健康的聖柱

這個簡單的法術需要用到柱狀蠟燭、抽出式蠟燭或諾維娜蠟燭，目的是抵擋疾病。如果你最近有不想錯過的活動，或最近和病人待在一起，又或許只是想要更多能量，都非常適合使用這類健康法術。這個法術最好在虧凸月期間進行。

所需魔法物品

- 1根柱狀蠟燭（帶來療癒）
- 1元硬幣大小的橄欖油（帶來淨化）
- 藍色麥克筆（如果你是在沒有玻璃的耐熱盤上使用柱狀蠟燭，也可以使用眼線筆）
- 火柴或打火機

進行法術

1. 為蠟燭淨化、補充能量和聖化，為法術做好準備。

2. 如果你使用的是諾維娜蠟燭，請直接進行第 3 步。如果不是諾維娜蠟燭，就把一角硬幣大小的橄欖油滴入手掌，從底部到燈芯，用拉動的方式把橄欖油塗抹在蠟燭上。想像你正在排出一切可能存在於你身邊和體內的疾病痕跡（包括身體疾病也包括心靈上的疾病），同時清除自己所有的負面能量。

3. 用藍色麥克筆，在蠟燭上寫下「NULLUM ME NOCEBIT」（沒有什麼能夠傷害我）。

4. 觀想自己被藍色火焰保護。

5. 點燃蠟燭，大聲說「沒有什麼能夠傷害我」。

6. 讓蠟燭完全燃盡。

7. 蠟燭燃盡後，把剩餘物埋在院子裡（如果蠟燭放在玻璃底座裡，就回收玻璃底座）。

✳ 阿波羅的療癒火焰

阿波羅是古希臘的療癒之神，也是預言、音樂和太陽神。這個法術會用交感魔法來製造出疾病或症狀的有形表現，然後再以聖火燒掉。為了讓法術更強大，你可以使用金色元素為阿波羅做一個聖壇，並以太陽和烏鴉的圖案裝飾它。這個法術應該在週日進行。

所需魔法物品

- 1根白色許願蠟燭（帶來療癒）
- 硬幣大小的橄欖油（帶來淨化）
- 耐熱盤子
- 紅色麥克筆
- 3張小紙片
- 火柴或打火機

進行法術

1. 用硬幣大小的橄欖油塗抹許願蠟燭。同時，觀想一道白色光芒圍繞著你，陽光也照耀在你身上帶來暖意。

2. 把許願蠟燭放在盤子上。

3. 想像困擾你的病症。試著觀想那些症狀及其帶來的感覺。

4. 用紅色麥克筆在紙上寫下你的症狀。如果你有明確診斷出疾病，就把疾病寫在其中一張紙上，把症狀寫在另外兩張紙上。如果你沒有診斷出疾病，那就把症狀寫在三張紙上。

5. 在每張紙上畫出9條線，每條線都畫過你所寫下的字。

6. 點燃蠟燭，注視著火焰。深呼吸，說：「天神阿波羅，光明之神，請療癒我，為我消除痛苦吧！」

7. 拿起第一張紙，用燭火燃燒，同時說「請燒焦我的疾病，讓我得到療癒，在這束火焰中，我再也不會感到痛苦」。

8. 拿起第二張紙，用燭火燃燒，同時說「我的病痛會在這煙霧和燭火中消亡，我以阿波羅的名義清除這些病痛」。

9. 拿起第三張紙放在胸前，深呼吸，觀想你的痛苦、病痛、疾病和任何難過的感覺都在燭火中燒毀。想像你手中的紙片是疾病的所有殘骸。把紙片放在燭火中燃燒，說：「我的命運之線有力而堅強，阿波羅，請療癒我的衰弱和失常吧！」

10. 燒掉最後一張紙之後，讓蠟燭完全燃盡。收好所有的殘留物和灰燼，再用馬桶沖走或丟到有流水的垃圾處理裝置中。同時，觀想自己完全康復。

11. 在有需要的情況下，每兩週進行一次這個法術。

✳ 瑪麗‧拉沃療癒蠟燭

這個法術來自我的朋友，也是我的導師，她是紐奧良的伏都教女王——血腥瑪麗！瑪麗‧拉沃是十九世紀瘟疫期間的神奇療癒師，她至今仍然被視為靈性教母；世界各地的人們仍然會前往紐奧良尋求她的神聖治療，她的墳墓被這些人視為聖地。在這個療癒蠟燭法術中，你將喚起紐奧良偉大的伏督女王來幫助你進行魔法工作。這個法術是以別人的健康為目的而進行，你也可以更改以滿足自己的需求。進行這個法術可以幫人們從身體和精神的病痛中恢復。這個法術適合在虧凸月期間的週一進行。

操作任何紐奧良伏督魔法的時候，都要記得在法術完成之後為慈善機構或教堂奉獻什一稅（捐獻法術收入的十分之一），以支付靈性世界的工作費用。也請記得將禱告或聖歌以及對想要結果的強烈觀想灌輸至你的蠟燭。

所需魔法物品

- 玉米粉（帶來穩定、成長和基礎）
- 白色的布（帶來淨化）
- 燭臺
- 雕刻工具、鋼筆或剔骨刀
- 藍色或白色抽出式蠟燭
- 鋼筆或鉛筆
- 蘭姆酒（作為供品或者祭酒）
- 接骨木糖漿或茶（帶來健康）
- 聖水或雨水（帶來更新）

- 火柴或打火機
- 手搖鈴、鈴鐺或鼓
- 需要作法客戶的照片（或客戶親自在現場）
- 筆記本

進行法術

1. 為你的聖壇整理出一個神聖潔淨的空間。

2. 在祭壇底部用玉米粉畫出一個 X。

3. 在 X 上放一塊白布

4. 把穩定的燭臺放在白布上。

5. 在伏都教中，蠟燭永遠要奉獻給特定的羅瓦神靈（靈體）或聖人——在這個儀式中，就是瑪麗・拉沃。

6. 用雕刻工具在藍色或白色的蠟燭上雕刻一個 X，最好雕刻在靠近中心的位置（這個雕刻圖案是簡單的伏都教宇宙圖，也象徵十字路口）。

7. 用鋼筆或鉛筆在蠟燭上寫下「Marie Laveau」（瑪麗・拉沃）之名。

8. 在蠟燭上寫下客戶／患者的名字或姓名首字母縮寫。（只有當客戶在場的時候才能寫名字的首字母。如果客戶不在場，請寫下他們的全名並使用他們的照片。）

9. 處理蠟燭，首先用蘭姆酒塗抹蠟燭，再用接骨木糖漿塗抹。

10. 按照聖壇的擺放位置，在你的祭壇和地板灑下或滴3滴聖水。

11. 在桌子敲 3 下，說「請打開大門，聖彼得，走過大門！我可以打開道路嗎，雷格巴老爹？請讓你的孩子通過吧！Yo La li Mamzelle Marie；瑪麗‧拉沃，有著療癒之手的靈性教母啊，我呼喚妳；Yo La li Mamzelle Marie！」

12. 介紹你自己，說明你的意圖並請求幫助。

13. 點燃蠟燭。

14. 搖動手搖鈴，敲響鈴鐺，或敲擊鼓面 3 次。一遍又一遍地敲 3 下，直到你感受到能量轉換為止。

15. 在火焰的熱度中揉搓雙手，如果你的客戶也在場，請他們一起這樣做。

16. 把點燃的蠟燭放在燭臺上，拿給客戶或展示給客戶的照片。

17. 用燭光環繞勾畫病人／客戶的身體或者照片（如果客戶本人在場，請抬起他們的腳，讓燭光也繞過他們的腳底）。

18. 把蠟燭放回原處。

19. 與客戶在沉默中靜坐，如果客戶不在場，就靜默片刻。在身邊準備好筆記本，寫下你從瑪麗‧拉沃獲得的訊息或建議。

20. 觀想伏都教女王瑪麗‧拉沃開始干預並從精神上觸摸了你的客戶，冥想這個場景。

21. 讓蠟燭燃燒約20分鐘。

22. 熄滅蠟燭，接下來三日每天都重新點燃蠟燭 15 至 20 分鐘。然後，你可以把蠟燭交給需要接受療癒的人，讓他們完成燃燒蠟燭的過程，如果他們無法完成就代替他們做完，但是他們親自參與會更好。

23. 拍手3次，結束魔法操作。

24. 對神靈的幫助表示感謝。

25. 請求神靈繼續療癒並帶來保護，同時釋放神靈。

26. 說出「Ayibobo」。

✳ 心靈健康魔法

　　我在高中時創作了這個療癒法術來克服壓力和焦慮。這是相對簡單的法術，結合了蠟燭魔法的力量和來自音樂與冥想能量的療癒效果。請在你的房間或你可以獨處且感到安全的黑暗空間中進行。這個法術要在週日晚上進行，或任何當你感到不知所措、焦慮或心中有負面情緒的時候。

所需魔法物品

- 你可以獨處的空間
- 乳香或其他有淨化功能的藥草（秘魯聖木、鼠尾草、甜草或迷迭香，都能帶來淨化功能）

- 歌曲播放清單
- 6根白色淨蠟燭（帶來療癒）
- 音響或耳機
- 火柴或打火機

進行法術

1. 用乳香或其他你選擇的淨化藥草（秘魯聖木、鼠尾草、甜草或迷迭香）來淨化你的房間或祭壇空間。

2. 創建播放清單。首先，選擇3首能代表你目前感受的歌，或讓你感到在最低谷的歌。然後再選擇3首能代表你最開心時的歌，或能讓你感到振奮的歌。

3. 將六根淨蠟燭環繞你放在地板上，確保蠟燭在可以觸及的地方，但是也要和你保持安全距離，讓你能夠躺下。

4. 點燃六根蠟燭。

5. 關掉房間的燈，只讓蠟燭照亮房間。

6. 一切都準備好之後，播放歌單中的第一首歌，也就是代表你恐懼、憂鬱和傷害的歌曲。閉上雙眼，在歌曲播放時，感受內心激盪的情緒。歌曲播放的時間愈長，這些情緒就愈升騰（如同沸騰的茶壺），通過你的情緒來呼吸。

7. 歌曲播放結束之後，立即坐起身，看著其中一根蠟燭，然後把它吹滅。想像你正在吹滅並送走所有負面情緒。

8. 回到放鬆的姿勢，繼續播放第二首歌，重複第6和第7步。

9. 吹滅第三根蠟燭，聽完最後一首悲傷的歌曲後，花1分鐘呼吸。

10. 想像自己的悲傷和痛苦已得到淨化，觀想自己的內心空蕩但平靜。

11. 回到放鬆的姿勢，播放歌單中第一首能夠振奮你的歌曲。這首歌代表了你的願望、慾望和夢想。

12. 歌曲播放結束後，起身凝視蠟燭火焰。但這次不要吹滅蠟燭——讓好的能量保持下去。

13. 重複第11步和12步。

14. 在你開始聽最後一首歌的時候，想像你最開心的時光，想想那些讓你笑出來的回憶，以及即將發生且讓你開心的事。

15. 完成之後，拿起吹滅的三根蠟燭，快速丟進垃圾桶。同時想像自己已經丟掉了那些不好的感受和能量。

16. 熄滅剩餘的淨蠟燭，並且好好保留。這些蠟燭已經充滿了你的渴望、願望和快樂回憶，當你想再次喚起這些感覺時，只要再點燃蠟燭即可。

✱赫拉的心碎療癒法術

赫拉是宙斯的妻子，也是古希臘的婚姻女神，在希臘神話中她不斷和丈夫及其不忠過錯而爭鬥。儘管赫拉遭受多次背叛，但她仍然保持鎮靜，從傷痛中療癒。作為一位女神，她照料那些經歷過心碎的人，也滋養那些需要振奮精神的人。這個法術適合在週日或虧凸月期間進行。

為了增強這個法術的力量，你可以用綠色或紫色的布來裝飾聖壇，還有赫拉的聖物——孔雀羽毛或孔雀圖畫。這個法術可以在分手後、收到不幸消息之後、友誼結束之後、某項損失之後或在任何你感到孤獨的時候，於睡前進行。

所需魔法物品

- 1根藍色淨蠟燭（帶來療癒）
- 雕刻工具
- 燭臺
- 火柴或蠟燭
- 日記本或筆記本
- 紅色筆
- 1小枝新鮮的或曬乾的迷迭香（帶來保護，增加魔法）
- 1滴薰衣草精油（帶來放鬆和平靜）

進行法術

1. 在睡前的幾小時裡，拿出藍色淨蠟燭，用雕刻工具在蠟燭的側面刻上「FORTIS IN ARDUIS」（在困難中堅強）。

2. 把蠟燭放在燭臺上，擺在床頭櫃並點燃蠟燭。在心中默念，或大聲說出來，祈求療癒賜福，請求心中感到的痛苦和心痛能被清除。

3. 在你的日記本或筆記本上畫一個圓圈。在圓圈內畫一顆心，在心內寫下「HEAL」（療癒）。

4. 把這頁紙撕下，放在床頭櫃上。拿起蠟燭，小心地把蠟滴在你畫的圓圈周圍。

5. 把蠟燭放在紙上圓圈的中心。

6. 關掉所有燈，拿出迷迭香小枝，回到床上。手中緊握迷迭香樹枝，盯著燭火，說出「赫拉夫人，我請求您療癒我受傷的心，作為回報我把這個信物獻給您」。

7. 把迷迭香放在枕頭下。

8. 蠟燭燃燒的時候，想像它正在把心碎和痛苦都燒掉。

9. 等蠟燭完全燃盡，滴1滴薰衣草精油在指尖，揉搓你的太陽穴。

10. 去睡覺。儘量放鬆，不要去思考困擾你的狀況。

11. 第二天早晨，把法術的剩餘物蒐集在一起（蠟和紙片）。把這些剩餘物品揉成一團，扔進垃圾桶，或者丟到遠離你家的垃圾箱。

12. 把迷迭香枝保留下來，放在聖壇上，它能讓你時刻想起赫拉的保護。一個月過後，把樹枝埋在你的院子裡，開始迎接新戀情。

✴赫卡忒的療癒守夜儀式

　　赫卡忒是當今異教和現代巫術中相當著名的女神。祂被廣泛地視為月亮女神和女巫女王，但就像祂的三相女神天性一樣，祂不斷在發展改變。赫卡忒起初是希臘泰坦神之一，擁有生死之力。

　　祂控制著大地、冥界、海洋和月亮；祂是藥草師和助產師的首席代表，那些需要療癒的人會向赫卡忒祈願，或前往祂在科爾基斯島上的神聖花園，接受祂的女祭司之祝福。這個法術旨在作為終極手段之用，例如在不能用醫學解決或無法獲得治療的時候。你也可以用這個儀式尋求診斷，或用來了解你所愛的人正在經歷的病痛。這個法術適合在黑月時期的夜晚或在週一晚間進行。把黑布擺在桌子上當作聖壇，用石榴和蘋果裝飾，也可以用人物、照片和赫卡忒的神聖動物──狗、蛇和龍來裝飾聖壇。這個儀式需要連續進行九天。

所需魔法物品

- 塔羅牌中的死神牌（帶來更新）和月亮牌
- 1根黑色的諾維娜蠟燭或七日旋鈕蠟燭（獻給赫卡忒）
- 雕刻工具
- 1滴橄欖油（帶來淨化）
- 耐熱盤
- 火柴或打火機

進行法術

1.　擺放好祭壇之後，從塔羅牌中取出死神牌和月亮牌。

2. 拿起死神牌並凝視牌面；這些畫面向你顯示出什麼訊息？死神牌並不是結束的象徵，而是代表轉變。把牌拿在手裡，對它說話。說出你希望得到療癒的人及其症狀。

3. 把死神牌放在桌子上，拿起月亮牌。凝視牌上的畫面，想像月亮就是女神赫卡忒本人。月亮代表著神祕和未知。在你凝視卡片的時候，大聲請求正確的病情診斷和治療方法展示在你面前。

4. 把月亮牌放回桌上，用雙手拿起黑色蠟燭。閉上眼睛，雙手拿著蠟燭，大聲說出你正在為之進行魔法之人的名字，說3次。

5. 用雕刻工具在蠟燭頂部刻上「HECATE」（赫卡忒）之名，在蠟燭底部刻上需要療癒之人的名字。

6. 在左手倒出硬幣大小的橄欖油，從底部開始塗抹蠟燭，一直塗到頂部，直到燭芯的部分。

7. 把蠟燭放在盤子上，放在之前用過的塔羅牌後面。

8. 用火柴點燃蠟燭，大聲或在內心說出「我劃動火柴，點燃火焰；偉大的赫卡忒，我呼喚您的名字。請把隱藏的部分顯示給我，幫助我治療、保護和防衛」。

9. 把用過的火柴放在蠟燭旁邊的盤子上，讓蠟燭燃燒 13 到 30 分鐘，然後用手指掐滅蠟燭。

10. 每天晚上重新點燃蠟燭，讓蠟燭燃燒 13 到 30 分鐘，連續九天，或連續進行直到蠟燭完全燃盡並且自行熄滅。

11. 如果有剩餘的蠟，可以查看蠟是否顯示出特定的圖像。

12. 把所有剩餘的蠟都丟進遠離你家的垃圾桶。

13. 將用於儀式的塔羅牌放在梳妝臺或桌子上，直到你為之進行法術的人得到了治療或準確的診斷為止。

✻

第八章

保 護 法 術

保護法術是相當受歡迎的法術，僅次於
愛情法術。保護法術能保護你免受負面
力量的影響，包括物質層面也包括超自
然層面。在本章節，你會了解各種能保護
你免受閒言碎語、假面朋友、整蠱靈體
和徘徊在身邊之負面能量影響的咒語。

＊提出保護，進行保護

　　每個人都會在某些時候需要保護，沒有什麼比收到魔法的保護更重要。這些法術不僅可以威懾敵人，防禦壞法術，也能保護你免受超自然幽靈的傷害。

保護魔法常用物品

　　蠟燭：柱狀蠟燭、抽出式蠟燭、諾維娜蠟燭、茶燈蠟燭
　　顏色：黑色、白色
　　藥草：迷迭香、黑胡椒、紅辣椒片、卡宴辣椒
　　精油：乳香、沒藥、迷迭香
　　水晶：白水晶、煙水晶、赤鐵礦、虎眼石、黑碧璽
　　首選時間：虧凸月、週一、週二

✳凱美特保護火焰

古埃及人擅長巫術，這個法術就改編自古埃及莎草紙卷軸中的法術。這個法術原本的要求是使用一盞燈，因為直到很久之後蠟燭才用於魔法中；而現代做法則用抽出式蠟燭代替。這個簡單的法術可以在任何魔法和儀式之前或之中進行，用來保護魔法免受外部影響。你要讓這根蠟燭完全燃盡，可能會花費好幾天。這個法術適合在週二進行，或任何你感到需要保護的時候。

所需魔法物品

- 1 根黑色抽出式蠟燭（驅逐負面能量）
- 雕刻工具
- 1 滴乳香精油（帶來保護）
- 少許沒藥樹脂（帶來淨化）
- 少許乾迷迭香（加強魔法）
- 火柴（硫磺能帶來保護）

進行法術

1. 用雙手取出黑色抽出式蠟燭。閉上雙眼，吸氣，然後輕輕呼氣在蠟燭上。在呼氣的時候，觀想你正用保護能量充滿蠟燭。

2. 用雕刻工具在蠟燭上刻出荷魯斯之眼。小心不要刻得太深。

3. 將一角硬幣大小的乳香精油倒入手中。從蠟燭底部開始向燭芯塗抹精油。觀想自己正在把任何有可能徘徊在周圍的負面能量都排出體外。

4. 在玻璃燭臺的底部滴少許沒藥樹脂，再加一撮迷迭香。

5. 把蠟燭放回玻璃燭臺裡，用雙手握住它，說「太陽天父，請聽取我的懇求，讓您警覺的雙眼保護我」。

6. 點燃火柴，當你用火柴點燃蠟燭的時候，說「我劃亮火柴，我說出太陽神拉（Ra）的名字，我被他的神聖火焰保護著」。

7. 對蠟燭冥想10到15分鐘。當你凝視蠟燭的時候，觀想自己被它的火焰包圍且受到保護。

8. 等到蠟燭完全燃盡，查看玻璃燭臺，看底部有沒有煙灰留下。觀察蠟燭燃燒的狀況，用了多少時間完全燃盡。

9. 法術結束後回收玻璃燭臺。

＊小人快走開

我們生活中肯定都有這樣的人（或許還不止一個）——我們遇到這個人之後很快就會意識到，這個小人必須趕快走開！如果你受了委屈，或需要擺脫輕視你的人，那麼這個保護法術能幫到你。它包含強大的魔法，能把那些越界、不受歡迎或惹麻煩的人掃地出門。這個法術能快速進行且快速見效！最適合在虧凸月期間進行。

所需魔法物品

- 雕刻工具
- 縫紉大頭針或者縫衣針
- 1根黑色淨蠟燭（驅逐負面能量）
- 小陶瓷盤（最好是黑色）
- 少許卡宴辣椒（驅逐負面能量，加速魔法過程）
- 少許磨碎的黑胡椒（驅逐負面能量）
- 少許鹽（帶來保護）
- 火柴或打火機
- 黑色的布

進行法術

1. 想著那個你想要從生活中移除的人。用雕刻工具把他的名字或姓名首字母刻在蠟燭上。

2. 用縫紉大頭針或縫衣針刺穿蠟燭，小心不要把蠟燭折斷（如果你無法把針完全穿過蠟燭，只穿過一半也可以）。

3. 刺穿蠟燭的時候說「（對方的名字），你讓我受了委屈，現在我命令你，賤人，快點走開」。

4. 把蠟燭放在盤子上（讓蠟燭的底部融化少許，這樣就可以在盤子上立起來）。

5. 用畫圈的方式在蠟燭附近的盤子裡撒一撮卡宴辣椒。

6. 用黑胡椒和鹽重複第5步。

7. 在蠟燭周圍撒了鹽之後，說「賤人快走開，這就是我的命令。沒錯，賤人快走開，快點遠離我」。

8. 點燃蠟燭。蠟燭燃燒的時候，觀想法術所針對的人。觀想他的所有特點，想像他正在慢慢消失，逐漸變得半透明，最終完全消失。

9. 讓蠟燭燃燒直到針脫落。針掉落以後，掐滅燭火。

10. 把盤子中的蠟燭和藥草蒐集到那塊黑布裡面，把黑布折起來，用針固定好。

11. 把綑好的藥草和蠟燭扔到遠離你家的垃圾桶。把布袋扔進垃圾桶，說「賤人快走開」。

12. 在社交軟體上封鎖這個人，並採取合適的方式和他保持距離。

13. 你可以每週繼續燃燒一根黑色淨蠟燭，直到這個人完全從你的生活中消失。請記住，不要和對方發生爭執。

✳ 驅除壞能量

我們必須承認，大家都會有心情不好的時候！我們最不想要的就是沾染上別人的負面能量，尤其是在我們的私人空間或家裡。這個儀式非常適合淨化房屋驅逐壞能量、清除人們負面情緒的殘餘，或清理上一位屋主或住戶的能量。這個法術相當有效、快速，且只需要鹽、茶燈蠟燭、火柴和你的內在力量！在任何你突然感到壞能量的

時候，或你家的氛圍似乎不對頭的時候，都可以使用這個法術。你也可以在剛搬進新居的時候進行這個法術。

所需魔法物品

- 4個白色茶燈蠟燭（用以淨化）
- 4根火柴（驅逐負面能量）
- 鹽（帶來保護）

進行法術

1. 把4個茶燈蠟燭分別放在屋中的四個角落，最好是放在客廳。

2. 從房屋的後面開始，在離正門最遠的位置選擇一個角落，點燃一個茶燈蠟燭，說「我劃亮火柴，點燃火焰。請把壞能量驅逐出這個空間」，點燃蠟燭後把用過的火柴放在茶燈蠟燭旁邊。

3. 在茶燈蠟燭周圍撒一撮鹽，說「硫磺和鹽巴，請吸收所有的壞能量，請讓一切痛苦、消極和悲傷都停止」。

4. 在餘下幾個角落裡重複第2步和第3步。

5. 點燃四個角落的蠟燭並撒鹽之後，回到房間的中心。盤腿坐在地板上，閉上眼睛，深呼吸幾次。觀想你身邊的空間正變得無比明亮且被白光包圍，想像這道光正在消滅所有沉重的負面能量。

6. 當你感覺到周邊空間已經得到淨化之後，蒐集蠟燭和火柴，扔到遠離你家的垃圾桶。

7. 你可以繼續用其他你喜歡的儀式或工具來淨化房屋，但請先用這個法術吸收和驅逐任何可能揮之不去的負面能量。

＊打破毒咒法術

你是不是有過連續運氣不好的經驗？你會否有時候覺得不太對頭？你有沒有惹到過會對你下毒咒的人？你要知道，不是所有魔法和詛咒都是透過法術才能進行的。氣憤、嫉妒和怒火會釋放出強大的能量，特別是當它有針對特定之人的時候。這個法術是打破身邊毒咒的好方法。當你感到筋疲力盡或知道有人對你不懷好意時，就可以使用這個法術。這個法術最適合在虧凸月期間或週四晚上 9 點進行。一定要用黑布來裝飾聖壇，並且在昏暗的燈光下進行法術。

所需魔法物品

- 1 根黑色許願蠟燭
- 雕刻工具
- 橄欖油
- 盤子或碗（最好是黑色）
- 9 粒黑胡椒
- 鹽
- 火柴
- 黑色布袋（非必需）

進行法術

1. 把還沒點燃的黑色許願蠟燭拿在手中，想像最近發生在你身上所有不開心的事或倒楣事。閉上雙眼，深呼吸，然後對蠟燭吹氣。重複說「我用這魔法師的氣息給予你生命」。

2. 用雕刻工具在蠟燭上刻出一個等臂十字架。在雕刻的時候，想像自己被能保護你的藍色火焰包圍。

3. 用少量橄欖油塗抹蠟燭，以逆時針方向環繞蠟燭塗抹，並確保整根蠟燭都有塗上橄欖油。

4. 把許願蠟燭放在盤子上，將9粒黑胡椒拿在左手。

5. 用右手拿起一粒黑胡椒，說「不管我身上被施加了什麼毒咒，我都能把它打破，如此塵埃落定」。把胡椒粒放在盤子上的蠟燭周圍。重複這個過程，直到所有黑胡椒在盤子上圍繞蠟燭成一個圓圈。

6. 在左手倒一些鹽。手握成拳頭，觀想鹽巴正在吸收你所有的負面能量。然後用右手拿起鹽，以順時針方向撒在蠟燭四周。

7. 左手拿著蠟燭，低聲說「火柴中神聖的硫磺啊，請保護我不會沾染任何負面能量」。

8. 劃亮火柴，點燃蠟燭，把蠟燭留在盤子上作為供品。

9. 如果可以的話，就讓這個蠟燭完全燃盡；若無法做到，就讓蠟燭燃燒1小時，然後用手掐滅，再撒上鹽。

10. 當蠟燭完全燃盡後，觀察蠟油殘留的形狀。你可以透過讀取這些形狀和象徵來判斷這個毒咒發生的原因。如果沒有蠟油殘留，代表這個法術完全成功了。

11. 你可以把黑胡椒和鹽巴的殘留物放在一個黑色布袋裡，以起到保護作用。或者，把黑胡椒和鹽沖下馬桶或水槽，想像厄運已經完全被消除。

✳ 皮媞亞淨化和保護法術

皮媞亞是古希臘的德爾菲神廟神祇。在古代，各地的人都會前往朝聖，請教皮媞亞，祈求預言。這位神祇也是為阿波羅奉獻的女祭司，阿波羅是療癒之神、藝術之神，也是預言之神。這個儀式是在法術和占卜之後進行的。目的不僅是為了淨化自己，也是為了保護自己免受法術和占卜（塔羅、水晶球占卜、通靈或直覺占卜）時可能出現的外部干預力量之影響。這個儀式可以在任何時候進行，但應該在法術之後開始，特別是在為其他人占卜或作法後，你不會希望別人的意圖、感受或能量附著在你身上。進行這個淨化和保護儀式時，要準備一個純白色的祭壇，用金色元素、紫水晶和煙晶來淨化你的通靈能量和第三眼。

所需魔法物品

- 1 根黑色淨蠟燭（驅逐負面能量）
- 橄欖油（帶來淨化）
- 2 根白色淨蠟燭（帶來保護）

- 3滴迷迭香精油（加強魔法和保護）
- 1滴薰衣草精油（帶來淨化；非必需）
- 1碗水
- 金色麥克筆
- 3片月桂葉（帶來保護，是阿波羅的聖物）
- 火柴或打火機

進行法術

1. 在你完成法術或占卜之後，用一枚硬幣大小的橄欖油塗抹黑色蠟燭。有需要的話，可以用迷迭香精油塗抹白色蠟燭。大聲對自己說「天神阿波羅，光芒之神，感謝您給我帶來光明的禮物」。

2. 擺放蠟燭，讓黑色蠟燭位於中間，兩根白色蠟燭放在兩側。

3. 把一碗水放在三根蠟燭前方。

4. 用金色麥克筆在第一片月桂葉上寫下「APOLLO」；在第二片葉子上寫下「PYTHIA」；第三片上寫「ARTEMIS」。名字都寫好之後，把葉子放在一邊。

5. 劃亮火柴點燃蠟燭，從左邊的白色淨蠟燭開始。每根蠟燭都用一根不同的火柴點燃；每根蠟燭都點燃之後，把火柴放入你面前的一碗水裡。

6. 三根蠟燭都點燃後，拿起寫有「APOLLO」的月桂葉，用第一根點燃的蠟燭火焰點燃葉子。

7. 點燃月桂葉的時候，說「阿波羅，我說出你神聖的名字，請用火焰的光芒保佑我」。讓月桂葉盡可能地自然燃燒，當心不要燒到自己，然後把月桂葉放進水碗。

8. 拿起寫有「PYTHIA」的月桂葉，用另一根白色淨蠟燭的火焰點燃。點燃葉子的時候，說「皮媞亞，預言之靈，我的工作已經結束了，請您保護我」。讓葉子盡可能地自然燃燒，然後把它放進水碗。

9. 拿起最後一片寫有「ARTEMIS」的月桂葉，用黑色蠟燭的火焰點燃，說「阿爾忒彌斯，月亮女神，夜晚女神，我用這個神聖儀式請求您的保護」。讓葉子盡可能地自然燃燒，然後把它放進水碗裡。

10. 把最後一片葉子放進水中後，將手放在火焰上方並保持安全距離，感受熱量的升騰。閉上眼睛，觀想火焰燒掉了之前的法術或占卜中的多餘能量，以及揮之不去的負面部分（比如負面能量、憤怒、不良情緒或感覺）。

11. 睜開雙眼，凝視燃燒的蠟燭，說「保護我的魔法，保護我的光，保護我遠離那些不屬於光明能量的困擾」。

12. 用那碗水洗手，然後將水灑在頭上和後頸部位。

13. 讓蠟燭完全燃盡（大約會持續1到3小時）。利用這段時間放鬆和冥想。

14. 蠟燭燃盡之後，把殘餘物放在水碗倒入馬桶沖掉，或丟在有流水

的垃圾處理場。(在古代,驅逐法術的殘留物會在湖水和河流中處理掉,但用水沖走殘留物也一樣有效。)

＊加勒比椰子淨化蠟燭

　　這個傳統的奧比巫術風格法術是一位來自千里達的好朋友分享給我的。奧比巫術是加勒比黑人在巴哈馬、加勒比、牙買加、千里達和維京群島地區使用,關於靈性、療癒和魔法的民間習俗。在這個淨化法術裡,蠟燭被放在椰子中,用以象徵力量和保護,在法術完成後會被埋起來。這個法術能呼喚你的祖先(你認識的和不認識的都有),目的是淨化你的空間,幫助你抵擋不良靈體、負面能量和不速之客。這個法術適合在虧凸月期間進行,需要一個白色亞麻布布置的聖壇。

所需魔法物品

- 3根白色許願蠟燭(帶來淨化)
- 硬幣大小的椰子油(帶來更新)
- 半顆椰子殼(奉獻給大地並帶來保護)
- 3滴廣藿香精油(加強靈性)
- 1滴沒藥精油(帶來神聖祝福)
- 火柴(驅逐負面能量)

進行法術

1. 首先用硬幣大小的椰子油塗抹三根白色許願蠟燭，並將蠟燭固定在椰子殼裡。

2. 在每根蠟燭上都滴 1 滴廣藿香精油。在這個時候你可以說出你的意圖，或其他有力量的話語。

3. 將 1 滴沒藥精油放在三根蠟燭之間，說：「神聖的祖先啊，請聽取我的請求，讓這個地方成為神聖的空間吧！」

4. 用火柴點燃蠟燭（每根火柴點燃一根蠟燭），接著把燃盡的火柴放進椰子裡。

5. 蠟燭燃燒時，觀想蠟燭正發出能環繞整個空間的白光。

6. 將手放在蠟燭上方，保持安全距離。感受火焰的熱度傳導到你的手掌。觀想自己正在被淨化，你周邊和所在空間中揮之不去的所有負面能量都被清除了。

7. 讓蠟燭完全燃盡。當蠟燭完全熄滅後，把椰子埋在院子裡。如果你沒有庭院，就把椰子放進一個盒子，或放在公園任意一棵樹的附近。

Chapter 9

第九章

✳

豐盛法術

想要獲得額外收入嗎？想要升職嗎？在
這一章，你會了解能帶來豐盛和成功的
法術，學到進行金錢魔法的最好方式。

✳帶來豐盛，實現成功

　　能夠帶來成功和豐盛的法術不僅只是為了獲得財富或大量金錢，其目的是保持財務穩定，吸引好運，幫助你在職業生涯取得成功。這些法術沒辦法讓大量金錢瞬間出現在你眼前，但能助你打開這些機會的大門。

豐盛法術常用物品

蠟燭：造型蠟燭、淨蠟燭、茶燈蠟燭、許願蠟燭、諾維娜蠟燭、
　　　　抽出式蠟燭
顏色：綠色、黃色、紫色、黑色
藥草：高約翰根、羅勒、肉桂、迷迭香、月桂葉
精油：廣藿香、杏仁、岩蘭草、金銀花
水晶：黃水晶、黃鐵礦、孔雀石、虎眼石、琥珀、石榴石

✳帕克的幸運錢幣法術

這個快速的小法術能召喚帕克，這位來自英國傳說中的惡作劇精靈因為莎士比亞的《仲夏夜之夢》而得名。這個法術可以在你看到正面朝上的錢幣之時進行——因為這是好運的象徵。請在看到錢幣的當天進行這個法術，這樣能保持與錢幣的聯繫，好運也能變得長久。

所需魔法物品

- 一枚你看到正面朝上的錢幣（帶來好運）
- 耐熱盤子
- 火柴或打火機
- 1根黑色或綠色的淨蠟燭（帶來成功和平衡）

進行法術

1. 用雙手拿起錢幣。閉上眼睛說「我發現了一枚錢幣，它正面朝上，現在它就是能給我帶來好運的吉祥物了」。

2. 將錢幣正面朝上放在盤子裡。用火柴或打火機燃燒淨蠟燭底部，直到底部的蠟開始融化。

3. 把蠟燭放在錢幣上。等待蠟燭冷卻，確保蠟油已經變硬且牢固地附著在錢幣上。

4. 蠟燭冷卻並固定在錢幣上之後，點燃蠟燭說「我點燃這根蠟燭，我呼喚帕克，請不要讓任何事情破壞我的好運氣」。

5. 讓蠟燭完全燃盡。等到蠟燭熄滅，蠟油在硬幣上融化且冷卻後，就可以把這枚錢幣作為帶來好運和成功的護身符了。

6. 請記得法術之後要對帕克表達感謝，因為如果不承認或感謝精靈的幫助，他們可能會生氣。留下一些小供品，比如一小塊餅乾、麵包或蘋果片，以表示對他們的謝意。

✴獲得工作魔咒

　　這個豐盛法術可以用來找到工作、獲得升職，還有阻止那些試圖破壞你成功的人。有了這個法術，你就能抵禦任何試圖使你迷失方向之人的破壞，比如同樣想要升職的同事。這個法術也能讓你在想要的職位競爭中獲得勝利。適合在面試之前的週三進行。

所需魔法物品

- 1根綠色諾維娜蠟燭或七天蠟燭（帶來金錢）
- 3滴乳香精油
- 能夠代表想要職位的圖片、物品或文件（如果沒有的話，你也可以自己手寫、列印下來或自己做出相關的文件）
- 少許羅勒（帶來成功）
- 少許肉豆蔻（帶來好運）
- 少許丁香（帶來安全感）
- 少許迷迭香（帶來保護）
- 火柴或打火機

進行法術

1. 用雙手握著蠟燭，用你的願望為它充滿能量。

2. 用乳香精油塗抹蠟燭，從頂部開始向底部塗抹。

3. 把代表你想要的工作或職位的圖片擺好，把蠟燭放在圖片上方。

4. 把藥草用繞圈的方式撒在蠟燭上方和四周，同時在工作相關的圖片上撒些許藥草。

5. 點燃蠟燭，讓它燃燒1小時，然後用手指捏滅它。

6. 每天在同一時間重複一小時這個過程，直到蠟燭完全燃盡，自己熄滅。

7. 蒐集蠟油和法術的殘留物，埋在你的前院、後院或盆栽裡。

8. 初次面試結束或在表達過你對職位的渴望之後，確保發送郵件跟進，或繼續表明你的興趣。

✳墨丘利（水星）的顯化魔法

　　墨丘利是旅行者之神、交流之神、好運之神和賭博之神。對於那些想實現特定目標的人來說，他的幫助可能非常有價值，特別當這些目標是關於職業生涯、成功或富足豐盛的時候。你可以在需要幫助以實現某種願望，或在需要為你的顯化添加一些神聖能量的時候來進行這個法術。這個法術適合在週一開始，在週三完成，因為週三是水星（墨丘利）掌管的日子。

121

所需魔法物品

- 小的雕刻工具
- 1 根藍色淨蠟燭（帶來創造力）
- 3 個淨蠟燭的燭臺
- 火柴或打火機
- 1 根白色淨蠟燭（帶來神聖影響）
- 1 根綠色淨蠟燭（帶來成功）
- 1 小張請願紙

進行法術

1. 用雕刻工具在藍色淨蠟燭的一邊刻上水星的星星符號，在另一邊刻上你的姓名首字母。

2. 用左手拿起蠟燭，說「飛行中的墨丘利，請您認可我的決心和力量，今晚顯化出我的目標」，然後把蠟燭放進燭臺裡。

3. 點燃藍色蠟燭，讓它完全燃盡。請記下你開始法術的時間，因為明天你需要在同一時間再次開始法術。

4. 第二天使用白色蠟燭重複第1步。

5. 用右手拿起白色蠟燭，說「我顯化出了我的願望。墨丘利，在我點燃火焰的時候請聆聽我的聲音」，然後把蠟燭放進燭臺裡。

6. 點燃白色蠟燭，讓它完全燃盡。

7. 第三天用綠色蠟燭再次重複第1步。雙手握住綠色蠟燭，說「墨

丘利，請聆聽我的祈願，讓我的法術成果實現」，然後把蠟燭放進燭臺裡。

8. 點燃蠟燭，讓它完全燃盡。

9. 把請願紙折3次，在你的床下放一個月。

✳ 幸運貓蠟燭

造型蠟燭在使用蠟燭魔法的人中很受歡迎，也經常在民間魔法、胡督教、伏都教、薩泰里阿以及其他靈性傳統中用到。這個傳統的胡督法術能為你的生活吸引好運和金錢，特別是在你有急切需要之時。貓總是和超自然領域連結在一起，儘管人們普遍認為黑貓帶來厄運（特別是牠擋道時）。但在英國、日本和蘇格蘭的民間傳說中，貓常常被認為是好運的象徵。十八世紀的海盜相信黑貓是好運的預兆，並且把他們的迷信習俗帶到了加勒比地區和美洲。這個法術適合在週一或週五進行（如果你想為法術增添額外的法力，也可以在13號星期五進行）。

所需魔法工具

- 小的雕刻工具
- 1個黑貓造型蠟燭（帶來快速好運；如果需要的話，黑色的七日蠟燭可以作為替代品）
- 3滴廣藿香精油
- 少許肉桂（帶來成功）

- 少許壓碎的月桂葉（帶來好運）
- 少許肉豆蔻（帶來豐盛）
- 火柴或打火機
- 計時器
- 白色或黑色的布

進行法術

1. 使用雕刻工具，在黑貓蠟燭的背面刻上你的名字和出生日期。

2. 將 3 滴廣藿香精油滴在蠟燭頭部，從燈芯向下塗抹到蠟燭底部。在這個過程中冥想你的意圖。你想要實現的是什麼目標？你想要你的好運以什麼方式顯化？

3. 在蠟燭上撒些肉桂、月桂葉和肉豆蔻。

4. 點燃蠟燭，祈禱你的意圖得到顯化。你可以大聲說出來，也可以在心裡說。

5. 讓蠟燭燃燒 13 分鐘，在熄滅蠟燭之前，可以用計時器計時（不要吹滅蠟燭）。要記下法術開始的時間。

6. 重複第 4 步和第 5 步。

7. 每晚在同一時間重複這些過程，直到願望實現或蠟燭完全燃盡。

8. 把蠟和法術殘留物放在一塊布中，然後埋在前門附近。

✴布莉姬女神的成功法術

　　成功能讓你感到安全，並且更好地幫助自己和他人。這個法術能增強財務收益並吸引豐盛。布莉姬女神是伏都教中代表死亡和聲譽的神靈，她能幫助那些需要轉變和好運的人。進行這個法術時，你可以在聖壇上使用黑色或紫色的布，因為這兩個顏色是布莉姬女神的神聖顏色。進行這個儀式時，讓蠟燭燃燒1小時，並且在蠟燭熄滅之前冥想你的意圖。如果可以的話，不妨試著讓蠟燭完全燃盡，或每週一都繼續進行儀式一小時，直到蠟燭燒完為止。（週一是最適合進行這個儀式的時候，因為這天是月亮掌管的日子。）蠟燭燃盡之後，把儀式中用的碗放在聖壇上，當作成功之碗來使用。繼續使用成功之碗能為儀式提供能量和魔法，並且激發儀式的本質。

所需魔法物品

- 淨化藥草，比如乳香、甜草或鼠尾草（非必需）
- 玻璃碗
- 鹽
- 綠色蠟燭（諾維娜蠟燭、柱狀蠟燭、七天蠟燭或許願蠟燭）
- 3枚錢幣
- 雕刻工具
- 少許迷迭香（非必需）
- 火柴或打火機

進行法術

1. 把注意力集中在生活中你希望能更成功的部分。對你的願望和生活中想要填補的部分進行冥想。

2. 閉上眼睛，深呼吸3次。努力在進行儀式之前進入輕鬆狀態。

3. 淨化你自己和你的空間（淨化是開始儀式的好方法）。點燃乳香、甜草或鼠尾草，並且提前進行沐浴儀式。

4. 在玻璃碗裡裝滿鹽。把你的蠟燭、錢幣和雕刻工具及迷迭香都聚集在一起。

5. 把這碗鹽放在蠟燭前方。點燃蠟燭，請求布莉姬女神祝福你獲得成功。一定要把你的願望和意圖對你的蠟燭說出聲音，即使很小聲也沒關係。話語是有魔力的；這就是為什麼法術（spelling）在英文中也叫作「拼寫」的原因！在法術中說出你的願望，就能付諸實現。

6. 深呼吸幾次，放鬆，然後對那碗鹽冥想。想像鹽正在吸收所有阻擋你前進的障礙。

7. 使用雕刻工具，在綠色蠟燭上刻上符號「$」。如果你有準備迷迭香，就撒在蠟燭上，來吸引豐盛和財富。

8. 把蠟燭放入鹽碗中，想像蠟燭周圍有一圈白光。這個空間是你的保護罩，能保證你的法術是安全的。

9. 把3枚錢幣握在手裡。將錢幣想像成種子，你種下的每一粒種

子，都會為你顯現出新的成功機會。拿起第一枚錢幣，閉上眼睛，把它放在額頭上。你希望看到生活中的哪方面增強？你在生活中需要什麼？想好之後，把硬幣放進裝有蠟燭的鹽碗裡。

10. 用餘下的硬幣重複第 9 步。直到把第三枚硬幣也放進鹽裡後，將雙手放在碗和蠟燭上，閉上眼睛。想像鹽正在讓你從恐懼和懷疑中解脫。想像一個保護壁壘環繞著你的法術、你的財務，還有你自己。集中注意力在錢幣上，想像其價值正在翻倍。

11. 點燃蠟燭，讓它燃燒 1 小時或 2 小時。想像蠟燭正在吸引各個方面的成功，並且燒掉了所有阻礙。

12. 當蠟燭燃盡後——或者，安全熄滅的時候——繼續在碗裡放入錢幣，這是為了增強魔力、補充魔法。持續添加錢幣，直到下一個滿月為止。

✳ 甜甜的豐盛蜂蜜罐法術

蜂蜜罐在南方召喚魔法和胡督教中非常重要，它能讓宇宙和你身邊的人都變得溫和，還能帶來好處。請大膽使用這個法術。你所渴望的是什麼？富有？名氣？在這個法術裡，沒有什麼願望是不能實現的。只要確保你有具體的意圖——你就能得到想要的東西。這個法術適合在週六或週三下午進行。

所需魔法物品

- 紙
- 筆
- 1個梅森罐
- 蜂蜜（帶來影響力和愉悅感）
- 1根綠色許願蠟燭或錐形蠟燭（帶來繁榮）
- 火柴或打火機

進行法術

1. 在一張紙上寫下你所有的夢想和願望。你希望生活中多些什麼？

2. 用蜂蜜裝滿半罐梅森罐。在你倒蜂蜜時，把蜂蜜想像成豐盛正在注入罐子裡，並繼續想像你希望吸引的東西。

3. 將寫有願望的紙緊緊折疊9次，放進蜂蜜罐裡。

4. 用你的手指舀出一些蜂蜜放進嘴裡。一邊吃蜂蜜一邊說：「我所渴望的甜美豐盛啊，請用聖火讓這個法術付諸實現吧！」

5. 密封罐子，把蠟燭放在上面（你可能要先融化蠟燭底部才能讓它固定在蓋子上）。

6. 點燃蠟燭，在火焰燃燒的時候，大聲說出你寫在紙上的願望。閉上眼睛，想像願望已經實現了。

7. 讓蠟燭完全燃盡。

8. 在接下來的四週內，於週六或週三重複第 4 步到第 6 步。讓蠟燭融化，蠟油包裹蜂蜜罐。

9. 當你想要的豐盛實現後，打開罐子品嘗裡面的蜂蜜，或者把它加進你的茶裡。

10. 你可以繼續使用這個罐子進行該法術，直到獲得所有你想要的。

Chapter 10

第十章

✳

啟 迪 法 術

在這個章節，你會探索到能激發能量、
增加幸福感，並且為你的生活創造更積
極環境的法術。

＊擁抱幸福，體驗啟迪

有時候，悲傷、孤獨和憂鬱都會讓你感到非常不愉快。這些是每個人時不時都會體驗到的正常情緒。這一章節中的法術能在這些情緒出現時幫到你。蠟燭魔法是舒緩焦慮情緒的絕佳方法，也能帶來積極正向鼓舞人心的能量，把悲傷轉變成希望和幸福。

啟迪法術常用物品

顏色：藍色、黃色、橙色、白色

水晶：白水晶、拉長石、縞瑪瑙、黃水晶、紅玉髓、粉水晶

精油：佛手柑、薰衣草、岩蘭草、乳香

藥草：貫葉連翹、達米阿那、薰衣草、檸檬香蜂草、玫瑰

✳日與月幸福法術

在我少年時期對抗抑鬱症和焦慮症的時候，我的導師教會我這個運用太陽和月亮能量的幸福法術。雖然有點費時間，但這個法術確實助我擺脫憂鬱症，還平衡了我的情緒。這種持續點燃數日蠟燭的過程叫守夜，能讓你保持警覺，把你從所有負面情緒之中拉出來。這個法術適合在週日下午開始，並且持續到下一個週日，或直到蠟燭完全熄滅為止。

所需魔法物品

- Ⅰ根橙色或黃色的諾維娜蠟燭（代表太陽的能量）
- Ⅰ根白色或黑色的諾維娜蠟燭（代表月亮的能量）
- 火柴或打火機
- 計時器

進行法術

1. 把代表太陽和月亮的蠟燭放在房間的桌子上，或放在任何你可以隱密進行法術的地方。

2. 在週日下午開始法術，用雙手握著代表太陽的蠟燭，說「太陽之靈，您有許多姓名，當我點燃這根蠟燭的時候，請您穿過火焰。太陽神拉、密特拉、阿波羅、索爾、魯格，這些只是您名字的一部分。請照亮我的生活，用您的光來保護我。在夜晚來臨前幫助我對抗恐懼」。

3. 點燃代表太陽的蠟燭，讓它燃燒 30 分鐘。看著蠟燭的火焰，把它想像成在蠟燭裡跳舞的人或一位神靈。你能看到什麼樣的形狀？火焰變成了什麼形狀？時間到之後，用你的手指或其他工具熄滅蠟燭（不要把蠟燭吹滅）。

4. 幾個小時後，到了晚上或在你睡覺前，雙手握著代表月亮的蠟燭，說「月亮之靈，您有許多姓名，當我點燃這根蠟燭的時候，請您穿過火焰。艾希斯、狄阿娜、阿爾忒彌斯、赫卡忒、塞勒涅，您的名字有許多，您的力量至高無上。在最黑暗的夜裡，請用您的光保護我，當悲傷來臨時，請把它趕走。當我點燃這火焰時，讓您的魔法熊熊燃燒」。

5. 點燃月亮蠟燭，讓它燃燒 30 分鐘。觀想你的恐懼和悲傷正從你的身體被驅逐出去。想像所有的黑暗、憤怒和負面情緒都在被白光趕走。

6. 繼續在白天點燃太陽蠟燭，在晚上點燃月亮蠟燭。如果你沒辦法每天重複這個 30 分鐘的過程，也可以讓蠟燭點燃 13 分鐘（13 是個有魔力的數字）。始終要記得熄滅蠟燭的方法——絕對不要吹滅。

7. 等到蠟燭完全熄滅後，對太陽和月亮的神靈表示大感謝，然後回收蠟燭杯，讓法術的振動繼續發揮作用。

✳聖艾克斯普提特快速修復蠟燭

是的，你沒看錯──聖艾克斯普提特（St. Expedite）是快速事件的守護聖徒。無論遇到什麼樣的阻礙──法庭案件、法律難題、商業問題、戀愛衝突，還是需要完成考試或任務──都值得向聖艾克斯普提特祈求。

當你需要解決方案或時間緊迫時，都可以召喚祂。我在紐奧良的法國區期間學會了這個簡單的法術，也已經使用了無數次。你可以用紅布和金色或銀色的裝飾及燭臺來製作給聖艾克斯普提特的聖壇。這個法術適合在週三或任何一天的下午來進行。

所需魔法物品

- 3滴肉桂精油（強調時間和緊迫感）
- 紅色諾維娜蠟燭（聖艾克斯普提特的神聖顏色）
- 紅色麥克筆
- 1小張紙
- 火柴或打火機
- 花朵（帶來賜福）
- 1碗水
- 磅蛋糕（作為供品）

進行法術

1. 將3滴肉桂精油倒在紅色諾維娜蠟燭上，用來加熱法術。雙手握著蠟燭，想像即將到來的場景，然後觀想它得到了緊急解決。

2. 用紅色麥克筆，把你的祈願寫在準備的紙上，把紙放在蠟燭下。

3. 將雙手放在蠟燭上，說「聖艾克斯普提特，請靠近我，聽到我所說的話，准許我的祈願，不要再浪費任何時間」。

4. 點燃蠟燭，讓它完全燃盡。

5. 每天都重複一遍禱詞，直到你的祈願實現。

6. 蠟燭完全燃盡之後，將一些花放進那碗水中，置於燃盡的蠟燭旁邊，並且在蠟燭另一側的盤子上準備一小塊磅蛋糕。如果你沒有為聖艾克斯普提特準備這些供品的話，據說他會收回你的請求，而且還遠不止此喔！

7. 坐在你準備好的桌子或聖壇前，自己盡情享用一塊磅蛋糕。

8. 法術完成之後，回收裝蠟燭的玻璃杯，把那塊磅蛋糕放在樹下，或把蛋糕為鳥兒撒在地上。

✳不生日也快樂願望法術

你知道嗎，一年之中有364天你可以收到非生日禮物，
但只有一天能收到生日禮物。

——路易斯・卡洛爾，《愛麗絲夢遊仙境》

你猜怎麼？即使你至今都沒有練習過巫術或魔法，你也很有可能已經在之前使用過蠟燭魔法了。你可曾在生日那天吹蠟燭之前許下願望？那就是蠟燭魔法！誰說必須等到生日才能使用魔法？每次你想要許願的時候，都可以使用這個法術。儘管生日的傳統是吹滅蠟燭，但你一定要用手指把蠟燭掐滅。

你想知道如何選擇要許下的願望嗎？記住願望比意圖所需要的能量更少。因此，根據經驗來講，你想要的事物通常不一定是你生活中的必需品。細枝末節的東西或奢侈品，會是許願的最佳選擇。

所需魔法物品

- １塊蛋糕或杯子蛋糕（帶來幸福）
- １根生日蠟燭（實現願望）
- 火柴或打火機

進行法術

1. 把蠟燭放在蛋糕上，喚起內心幸福的感覺。想像這是你的生日或慶祝時刻。

2. 選出你的願望。在腦海中專心想像它。

3. 點燃蠟燭。

4. 閉上眼睛，觀想你的願望實現了。

5. 睜開眼睛，用手指把蠟燭掐滅。

6. 盡情享用蛋糕。

7. 把蠟燭放到床下，直到你真正生日到來的那天，再把它拿出來埋在院子裡。

＊喀耳刻的自我轉變法術

　　有時候你會需要擺脫原有的形象，被視作另外一個人。這個法術是為了當你被拉進新的道路、新的靈性歷程、新的朋友圈或個人風格時而製作的。喀耳刻是希臘神話中的半神，也是古時最早的女巫，祂因為《奧德賽》而被人熟知；在書中，祂把奧德修斯的船員都變成豬玀。祂以擁有豐富魔藥、符咒和藥草的知識而聞名，祂能用這些知識隨心所欲地讓事物顯化、操縱和轉變。需要轉變事物的時候，就可以利用喀耳刻的力量。這個法術適合在週一或滿月時期進行。

所需魔法物品

- 1根黑色許願蠟燭（帶來轉變）
- 1根紫色許願蠟燭（帶來魔力）
- 耐熱盤
- 火柴或打火機
- 少許迷迭香（帶來保護）
- 少許薰衣草（帶來吸引力）
- 少許碎月桂葉（帶來成功）
- 1滴龍血精油（帶來煉金術魔力／轉變）

進行法術

1.　將兩根蠟燭放在耐熱盤上。

2.　雙手拿起黑色蠟燭，觀想你希望別人如何看待你；想像你希望穿的衣服，還有你希望在生活中看到的變化。觀想結束之後，把蠟燭放回盤子上。

3.　雙手拿起紫色許願蠟燭，說「神聖的喀耳刻，請聆聽我的懇求，幫助我實現魔法，並讓我發生轉變，讓大家看到我想成為的樣子」。

4.　點燃紫色許願蠟燭，把它提起來放在黑色蠟燭上方，讓融化的蠟滴在上面。讓蠟油滴一段時間，小心不要燙到自己。

5.　把點燃的紫色蠟燭放回盤中，在黑色蠟燭上撒迷迭香、薰衣草和月桂葉。

6.　在黑色蠟燭上滴1滴龍血精油，然後點燃蠟燭。

7.　讓兩根蠟燭完全燃盡。觀察兩根蠟燭逐漸融化並融合在一起，觀察藥草和精油如何混合然後發生轉變。當蠟燭融化的時候，觀想你自己也在改變。

8.　當蠟燭完全燃燒熄滅後，把殘餘物埋在院子裡或盆栽中。

*內在神靈／女神神聖法術

　　每個人都擁有神聖能量——你只是需要學習如何探索它。這個法術適合顯化力量和勇氣。在你需要他人認可，或是希望被注意和被欣賞的時候，都可以使用這個法術。這個法術適合在週日進行。

所需魔法物品

- 1根白色淨蠟燭（帶來神性）
- 淨蠟燭燭臺
- 火柴或打火機
- 1滴岩蘭草精油（帶來幸福）
- 紅玉髓

進行法術

1. 用你的慣用手握住白色淨蠟燭，閉上雙眼，說「我是神聖的，我是非凡的，我收回本應屬於我的能量」。

2. 把蠟燭放進燭臺，然後點燃。

3. 蠟燭燃燒的時候，把1滴岩蘭草精油滴在常用手的手心，然後塗抹紅玉髓。

4. 把紅玉髓握在手中，閉上雙眼說「當蠟燭燃燒著神聖火焰時，請釋放出大家都渴望的我心中的神聖能量」。

5. 把紅玉髓石放在蠟燭旁邊，讓蠟燭繼續燃燒。

6. 等蠟燭完全燃盡之後，拿回紅玉髓，在任何你需要力量和勇氣，或你希望被人看到的時候，把它帶在身邊。

✳ 德魯伊寧靜圓圈

　　每當我感到焦慮或有壓力時，我就會使用這個儀式。它是對冥想的一個極佳補充，也能和其他法術結合使用。德魯伊是凱爾特世界的古老薩滿和魔法守護者，他們知道如何與自然、靈魂和他們的高我建立連結。而且最重要的是，他們明白內心寧靜的重要性。這個儀式應該在夜晚的偶數時間開始（例如晚上 8 點、晚上 10 點）。如果需要，你也可以使用額外的蠟燭，但是要儘量保持蠟燭大小和形狀一致。如果你想要更大的寧靜圓圈，可以在堅固的蠟燭架上使用更多蠟燭。

　　你可播放舒緩的音樂，並且帶上你想要補充能量的水晶或工具。

所需魔法物品

- 6 根風格不限的蠟燭，但最好是茶燈蠟燭或許願蠟燭
- 火柴或打火機
- 薰香（最好是乳香、沒藥或薰衣草）
- 香爐
- 舒緩的音樂（非必需）

進行法術

1. 用蠟燭在你周圍圍成一圈。一定要給自己留出足夠的活動空間，

這樣你就不會撞到任何蠟燭。把一根蠟燭放在你的正前方,一根放在背後,一根放在左邊,一根放在右邊,以此類推。

2. 準備好蠟燭之後,點燃薰香,順時針慢慢轉動,讓薰香搖晃。想像薰香正在清理這個圓圈內的能量,並創造出神聖的空間。持續這一步,直到你畫出完整的圓圈。

3. 把薰香放在正前方的香爐中。跪下片刻,想像一圈白光正圍繞著你。同時看著薰香的煙逐漸變成霧狀。

4. 從你面前的蠟燭開始,順時針方向點燃所有蠟燭,想像點燃每根蠟燭的時候,圓圈的能量都變得更強大。

5. 點燃所有蠟燭後,用舒服的姿勢坐下來。如果你願意,這個時候可以播放音樂。注視四周的火焰,想像有一道屏障保護著你不受外界干擾。想像火焰正在吸引正向的神靈和能量,增加你的魔法和靈性。在這個圓環裡,一切都可能發生。觀察四周盤旋的薰香煙霧。

6. 閉上雙眼呼吸。想像你所有的恐懼都在火焰中燒掉了。這個空間是你神聖的力量圓圈。在這個空間中你能找到內心的寧靜;在這個空間中你能找到所有答案。

7. 在圓圈中想待多久就待多久。因為這些蠟燭沒有被賦予意圖,你可以在結束之後吹滅燭火。

8. 如果你的蠟燭沒有燃盡,可以保留下來作為寧靜圓圈的指定蠟燭,當你需要利用德魯伊的寧靜力量時再次使用。

讓火焰盡情燃燒

既然蠟燭熄滅了，法術已經開始運轉，是時候花些時間回顧你在這本書中學到的內容了。

除了了解蠟燭魔法之外，你也學到了自我轉變的方法、意圖的力量以及火的力量不僅僅在火焰中，也在你心裡。你應該為自己感到驕傲，並且祝賀自己展開了魔法世界的旅程！

我希望你能繼續這條蠟燭魔法的歷程。從此之後，當你看到蠟燭的時候，你面前不再是平凡的物品，而是真正的力量願望。你會了解那些蠟燭中蘊藏的歷史，以及如何利用它的能量來達成你想要的目的。但是，不要把你所有的希望都寄託在蠟燭上，因為最重要的是要記住，魔法就在你心中。

在我們道別之前，請允許我再分享一些有助於你成長和能幫助你深入練習的提示：

● 即使你覺得時間有限或不夠私密，也不要急於完成你的儀式或法術。相反的，你應該等到能全神貫注完成法術的時候再開始。

● 不要忘記在蠟燭燃盡之後去觀察蠟。你能看到什麼形狀？蠟燭燃盡之後是乾乾淨淨還是一團糟？請用你的直覺來判斷融化的蠟對法術結果的意義。

● 用日記的形式記錄並且追蹤你的法術。記下法術的結果是怎麼樣，還有你是否使用了和書中指示不同的部分或替代品。

● 蠟可以用來當作護身符，所以當你想要讓法術的能量常伴你身邊，特別是當蠟最後成為圓形或象徵性的形狀時，你可以隨身攜帶它。融蠟是一種占卜方式，能讓你的蠟燭魔法變得更加豐富。

● 要留意蠟燭燃燒的方式，這樣可以了解神靈和宇宙是如何與你交流的。

● 如果你在法術中感到包含神靈的部分，請始終保持敬意。要記住在法術之前留下供品，並且在法術之後表達感謝。與指導靈、祖先和神靈一起進行法術應該保持平衡，所以要小心不要提出命令，也不要試圖控制這些力量和能量。

● 研究各種神話、民間傳說和眾神，看看誰召喚了你。如果法術裡提到你沒有連結的靈魂或神靈，可以尋找另一個具有相似特徵的神。同時也要研究你自己的文化紐帶，看看有沒有能夠連結家中親友的靈魂。並且要知道，如果你不喜歡和某個靈魂或神靈一起進行法術，就不必把他們包含其中。

● 火柴裡的硫含有保護的能量，所以可以把使用過後廢棄的火柴放在蠟燭附近，這樣可以驅散影響魔法的外力。

● 雕刻蠟燭的時候要為自己的魔法工作感到自豪。給蠟燭塗油之後，你可能會需要在上面加上亮粉，並且把它擦進雕刻的部位。許多魔法從業者用亮粉為他們的魔法加入魅力，特別是在為另一個人進行法術的時候。

我支持你探索其他將火元素加入法術的途徑，以繼續這條蠟燭魔法的歷程。無論是用神燈、水晶球占卜還是廚房魔法，火焰之靈都在

你身邊，隨時準備幫助你。你可以去研究魔法、靈性和神祕學的不同方面，擴展你關於藥草學、水晶、精油和民俗的知識。試著調整這些法術，使其更加滿足你的需求。如果你有特別的偏好，也不要害怕用該種藥草或精油代替另一種。等到你做足了研究，且能夠自在地進行儀式和法術時，你會發現施展魔法已經變成了你的第二天性。藥草會呼喚你，需要的法術會從你心中流過，隨著你對使用的元素更熟悉，操作魔法的過程也會變得更容易。

最後，請記住，不管情況如何，障礙是什麼樣，總會有蠟燭可以解決的！（# 蠟燭能解決一切問題。）

對應含義查詢表

＊蠟燭＊

黑色	智慧、死亡、更新、復甦
藍色	平和、寧靜
棕色	大地、力量、平衡、正義、大地魔法、動物和寵物法術、自然靈魂
金色	豐盛、繁榮、吸引、金錢
灰色	知識、交流、精神交流、中和負面能量、智慧
綠色	幸運、繁榮、財富、生育、穩定、豐盛、成功
靛藍	更新、放鬆、反思、新開始
橙色	能量、精力充沛、勇氣、太陽、正向結果、工作成功、願望實現
粉色	愛戀、同情心、魅力、忠貞
紫色	忠誠、神聖、力量、超自然
紅色	生命力、活力、吸引力、性感、渴望、雄心、男子氣概、力量、出生、死亡、實現目標、克服阻礙、愛
銀色	靈視力、母性、婚姻、通靈工作、金錢、財務穩定、平和
白色	生命、生育、滋養、美德、平衡、死亡、結構
黃色	光輝、快樂、清晰、靈視力、解除詛咒、消除厄運、保護、引導

✳ 藥草 ✳

多香果	療癒、運氣、商業吸引力、金錢、繁榮
當歸根	快樂、幸福、賦能、靈性交流、保護、療癒
八角茴香	提高通靈能力、保護免受惡魔之眼的影響、精神交流
羅勒	幸福、金錢、自信、愛、保護
月桂	祝願、成功、療癒、通靈視力、淨化、智慧、能力
貓薄荷	愛、性感、平和、保護孩童
肉桂	金錢、保護、增強能量、增強靈性、成功、性衝動
丁香	金錢、運氣、友誼
達米阿那 （透納樹）	愛、性、催慾、色慾、激情、浪漫、吸引力
茉莉	月亮魔法、愛、女性能量、靈性、平和、金錢、性慾、健康
薰衣草	保護、睡眠、幸福、平和、靈魂投影、冥想、愛、淨化
檸檬草	淨化、打開道路、大地上的家、靈性工作、淨化
艾蒿	通靈能力、預知夢、靈魂投影、保護、靈性工作、力量、神靈工作、巫術、占卜
肉豆蔻	運氣、增加能力、金錢、提高振頻、提高通靈感應

黑胡椒／白胡椒	保護、送回發送者、腳踏實地、打破毒咒
玫瑰	愛、平和、性、浪漫、美麗、自尊
迷迭香	保護、淨化、愛、長壽、健康、增加魔法
鼠尾草	保護、長壽、智慧、放鬆、啟發靈感、靈性淨化、煙燻淨化
百里香	運氣、夢境、金錢、財務穩定、平和
纈草根	愛、淨化、婚姻、送回發送者、儀式淨化、睡眠
馬鞭草	保護、催慾、啟發靈感、打破毒咒、靈性保護
苦艾	預言、提高通靈能力、療癒、創造力、愛、平和、智慧、祖先魔法
蓍草	愛、增加通靈能力、智慧、勇氣、憂鬱、心理健康、明晰

✳ 精油 ✳

琥珀精油	金錢、性感、女神能量、通靈、祖先工作、保護
佛手柑精油	金錢、幸福、淨化、平和
檜木精油	療癒、慰藉、悲痛、長壽
龍血精油	魔法、力量、保護、療癒、運氣、靈性淨化
尤加利精油	療癒、保護、消除詛咒
乳香精油	保護、淨化、靈性、冥想、去除焦慮恐懼、舒緩、冷靜、更高意識
忍冬精油	繁榮、靈感、保護、生活美妙、靈性洞察力、實現目標
茉莉精油	自信、愛、性、金錢、平和、靈性、洞察力、月亮魔法
蓮花油	埃及魔法、智慧、賜福、女神魔法
麝香精油	勇氣、男性能量、生育、吸引力、慾望、性愛魔法
沒藥精油	保護、淨化、冥想、腳踏實地、自信、靈性覺醒、靈性淨化
橄欖油	淨化、清理、神聖能量、靈性覺醒、靈性工作、儀式淨化
橙花精油	快樂、金錢、幸福、個人發展、驅逐負面想法
廣藿香精油	生育、體力、浪漫、夥伴關係、神聖本體

薄荷精油	保護、鎮靜、智慧、靈性、淨化、幸福、正向刺激
玫瑰精油	美麗、愛、性、平和、通靈保護、誠實
檀香精油	願望實現、療癒、靈性、保護、性慾覺醒、吸引力、更高意識
香草精油	愛、魔法、心理意識、能量、性、抵抗憂鬱、人際關係
紫羅蘭精油	愛、願望實現、療癒、冷靜、平和
伊蘭精油	催慾、吸引力、狂喜、放鬆、福氣、愛、腳踏實地

週日	「太陽日」適合進行顯化法術、男性能量、神聖力量、勇氣、幸福法術，還有關於工作機會的法術。
週一	「月亮日」是由月亮能量掌管的日子。在這天適合進行關於月亮神靈的法術、夢境魔法、靈性成長、通靈和占卜工作，還有療癒和清理。
週二	「火星日」由火星掌管，這顆行星是因羅馬戰神而得名。這天適合進行關於勇氣、衝突、決心、男子氣概，以及獲得智慧或克服阻礙的法術。
週三	「水星日」由水星掌管。這天適合進行關於自我成長、交流、占卜、旅行、友誼和精神交流的法術。
週四	這天由木星掌管，適合進行關於金錢、法律事務、運氣和成功的法術。
週五	這天由金星和挪威生育女神芙蕾嘉掌管，適合進行關於愛、友誼、藝術、創造力、快樂和生育的特別魔法或儀式。
週六	這天由土星掌管，適合進行關於驅逐負面能量、打破毒咒、淨化、療癒、返回發送者以及動力的法術。

✳ 月相週期 ✳

新月	新開始、發現幕後動機、發掘真相、靈性覺醒、淨化、保護家庭和自己、綁定法術
盈凸月	金錢法術、財務穩定、工作吸引力、加劇能量、豐盛、成長
滿月	療癒、願望實現、女神魔法、繁榮、靈性工作、愛情魔法、吸引力
虧凸月	驅逐、清理、擺脫負面能量、保護、改變、放手

✳ 石頭和水晶 ✳

瑪瑙	健康、運氣、賭博
琥珀	愛、運氣、轉變
紫水晶	對抗成癮、靈感、洞察力、療癒、脈輪的頂輪、靈性工作
阿帕契之淚滾石	保護、慰藉、祖先魔法、淨化
血石	勇氣的石頭、淨化、清理負面能量、平衡
紅玉髓	創造、創造力、生命力、恐懼、穩定、男子氣、健康
黃水晶	繁榮、豐盛、金錢、精神力量、持久力
赤鐵礦	健康、腳踏實地、送回發送者、放鬆、平和、靈性工作
碧玉	保護、清晰頭腦
黑煤玉	保護、大地魔法、靈性清理、加強顯化
青金石	神聖能量、保護、健康
月亮石	月亮魔法、平衡、反思、新開始、創造力能量、增強直覺和洞察力
黑曜石	保護、打破毒咒、腳踏實地、靈性工作
虎眼石	腳踏實地、創造力、智慧、洞察力、情緒平衡、提高頻率

參考資源

＊書籍＊

Adele Nozadar 的《祕密符號和象徵百科全書》

(The Element Encyclopedia of Secret Signs and Symbols)

這是一本查詢你在蠟、夢境、雲層等等看到的標誌和象徵的絕佳資源。

Judika Illes 的《巫術百科全書》

(Encyclopedia of Witchcraft)

這本書是所有魔法從業者和有興趣了解更多巫術的人的必備。無論你是在尋找關於神靈、工具的資訊，還是具體做法和關於歷史的知識，這本書都是你的首選參考指南。

Paul Beyerl 的《藥草學大師書》

(The Master Book of Herbalism)

可能是現有對魔法使用者來說最好的藥草書了，這本書包含了藥草學、精油、薰香、煉金藥和魔法用法的深度資訊。

Denise Alvarado 的《伏都胡督魔法書》

(Voodoo Hoodoo Spellbook)

這本書充滿了歷史、傳統法術、配方等等的奇妙資源——所有資訊都與紐奧良的伏都魔法有關。

Bigfoot Collectors Club

由 Michael McMillian 和 Bryce Johnson 主持，關於超自然現象的
Podcast，他們會討論目睹鬼魂、民間傳說、歷史反常現象、神祕學
和奇異見聞。

@bigfootcollectorsclub

The Witch and The Medium

這是我和我的朋友，著名的靈媒 Adela Lavigne 共同主持的 Podcast。
每星期我們都會在節目上討論各種各樣的實踐、天賦和信仰，也會分
享我們對於不同話題的超自然現象和知識的經歷。

@thewitchandthemedium

TheWitchAndTheMedium.com

※ 魔法用品 ※

Pan's Apothika（又叫做 Panpipes）

這個地方是我童年造訪的第一家玄學用品店。裡面有數百種藥草和精
油，還能訂製設下意圖的工具。店主是我的好朋友 Vicky，她擅長製
作經過聖化裝在玻璃罐裡的蠟燭，特別是七日蠟燭，這是顯化意圖的
絕佳工具。

PanPipes.com

(323) 891-5936

III Crows Crossroads

每個人都可以在此選購魔法用品！我和我的兩位女巫同事一起創立了這間公司。這家店鋪融合了傳統巫術、伏都、薩泰里阿教，還有美國民間召喚魔法。你會在這裡找到肥皂、蠟燭、精油、魔法工具包，還有其他更多迷人的小物，以開啟你的靈性之旅。

@3crowscrossroads

Etsy.com/shop/IIICrowsCrossroads

The Olde World Emporium

The Olde World Emporium 是本書作者 Mystic Dylan 共同擁有，是聖塔克拉利塔最棒的玄學用品店。這間店內有藥草、精油、書籍、水晶、蠟燭和魔法課程。

地址：23127 Lyons Avenue

Newhall, CA 91321

661-666-7507

www.OldeWorldEmporium.com

Instagram: @TheOldeWorldEmporium

Facebook: facebook.com/TheOldeWorldEmporium

Twitter: @olde_world

※ YouTube 頻道 ※

The Witch of Wonderlust

這個 YouTube 頻道由我的朋友 Olivia 經營，包含了關於新手女巫操作方法的影片教學，以及蠟燭魔法教程，還激發了我對於「# 蠟燭能解決一切問題」這個標籤的靈感。

YouTube.com/user/TossingSpades

詞彙表

你可能會發現書中並沒有完全使用這些詞語；但是，這些詞彙出現在這裡可以增添你對蠟燭魔法的理解。

聖壇：用於儀式、祭祀、供品或法術的桌子或祕密空間。

護身符：用於防止危險邪惡或疾病的裝飾品或小掛件。

抹油聖化：用精油裝飾蠟燭。

用煙占卜：古老的占卜方法，其中燃燒的火焰（通常是藥草、木頭或祭品）所產生之煙霧能表明預兆。

召喚魔法：一種融合了非洲、美洲原住民、猶太教、天主教、基督教和歐洲傳統的美國民間魔法。

聖化：讓某種東西變得神聖，通常是用於靈性或魔法目的的工具。

神靈：神、女神或神聖的靈魂。

占卜：透過工具或超自然手段來探求未來或未知的實踐。

施法攻擊：使用法術或蠱惑；通常是出於惡意、復仇或惡毒目的使用。

下厄運：由另一個人透過魔法方式帶來的厄運，或因打破迷信或民間信仰而造成。

護符：宗教實踐會中用到的物品，例如護身符、符咒和驅邪物。這種習俗源於西非地區，此術語常用在傳統非洲宗教和民間習俗中。

煙跡觀察學：通過觀察薰香煙霧進行占卜。

魔法：控制和操縱自然和超自然能量的能力。

諾維娜：源自拉丁文，原意是「九」，是基督教和天主教中一種虔誠的禱告方式。

預兆：被視為具有預言意義的標誌或事件，可以是好的，也可以是懷的。

淨化：心靈和身體的清理。

火葬柴堆：以木頭製成的堆或結構，在葬禮中用來燃燒屍體。

火焰占卜：用火來占卜。

儀式：可能會涉及手勢、詞語或行動的一系列活動，為了獲得靈性啟迪或為了魔法動力和傳統而進行。

水晶球占卜：透過凝視得到代表引導、預言和問題答案的各種形狀和平面，以出現的象徵和圖案來占卜。

性愛魔法：用於魔法、儀式或靈性目的的任何性活動。性愛魔法通常可以結合性興奮和觀想預期結果，用性高潮來注入能量和靈性上的驅動力。

魔符：具有魔法力量的銘刻或畫下的符號。

掐滅：熄滅火焰。

徽符：與伏都教不同神靈和靈魂相關聯的特定靈性符號。

守夜：虔誠觀看或觀察的時間。在魔法中，這個術語通常代表需要持續數小時或數天的多日法術和儀式。

致謝詞

能把這本書介紹給你，我非常感激，也感到很幸運。

首先，我想要感謝 Ashley Popp、Sean Newcott 和 Rockridge Press 讓我有機會精心創作這本書。

我要感謝我的父母 Steven 和 Ingrid，還有我的祖母 Mom-Cat（也就是 Lillian），是他們讓我成為那個充滿想像力的孩子，當我想學習更多巫術、魔法和神祕學的時候也沒有試圖限制我或影響我。

感謝我的哥哥，他的善良和真誠的支持總是激勵著我。

感謝 Pan's Apothika（也叫 Panpipes）的 Vicky Adams，當一個九歲小孩第一次因為好奇而走進她的店鋪時她並沒有驚訝，還為我提供了第一個避風港。

感謝 Kally Spangler，她在我生日那天，在麻州的塞勒姆為我占卜，並且在我什麼都沒說的時候就告訴我她看到我將成為一名職業巫師。

感謝我大二那年的英語老師 Shaneequa Cannon，她對我的教導和友誼到今天也一直激勵著我。

感謝 Lana、Leah 和 Brenna，她們不但把我當作親人，還激發了我對蠟燭魔法的渴望和興趣。

感謝我的 Crows、Cyndi 和 Jess，她們每天都在幫助我創造魔法。

感謝我的女巫團，感謝她們為我帶來支持和歸屬感。還要感謝 Adela，她讓我時刻保持自省。

感謝 Nyt Myst、Bloody Mary、Laurie Johnson 以及我曾經的魔法導師，當然，還有我的祖先和神靈——謝謝你們。

蠟燭魔法初學指南

Candle Magic for Beginners

Candle Magic for Beginners
by Dylan Bauer
Copyright © 2020 by Rockridge Press, Emeryville, California
Illustrations © 2020 Caitlin Keegan. All other images used under license from
Shutterstock.com. Author photo courtesy of Olivia Graves.
First Published in English by Rockridge Press,an imprint of Callisto Media,Inc.
Published by arrangement with Callisto Media Inc
through LEE's Literary Agency

出　　　版／楓樹林出版事業有限公司
地　　　址／新北市板橋區信義路163巷3號10樓
郵 政 劃 撥／19907596　楓書坊文化出版社
網　　　址／www.maplebook.com.tw
電　　　話／02-2957-6096
傳　　　真／02-2957-6435
作　　　者／神祕狄倫
譯　　　者／張笑晨
企 劃 編 輯／陳依萱
校　　　對／聞若婷
港 澳 經 銷／泛華發行代理有限公司
定　　　價／420元
出 版 日 期／2022年8月

國家圖書館出版品預行編目資料

蠟燭魔法初學指南 ／ 神祕狄倫作；張笑晨翻
譯. -- 初版. -- 新北市：楓樹林出版事業有限
公司, 2022.08　面；公分

ISBN 978-626-7108-57-4（平裝）

1. 巫術

295　　　　　　　　　　111008436